إلامَ؟

سميح الضهر

إلامَ؟

«نداعبها ونذبحها» إلام؟

دار الفارابي

الكتاب : إلامَ؟

المؤلف : سميح الضهر

لوحة الغلاف والرسوم الداخلية: بريشة الفنان نقولا عيسى

الناشر : دار الفارابي ــ بيروت ــ لبنان

ت : 301461(01) ــ فاكس: 307775(01)

ص.ب: 3181/ 11 ــ الرمز البريدي: 2130 1107

e-mail: info@dar-alfarabi.com

www.dar-alfarabi.com

الطبعة الأولى 2012
ISBN: 978-9953-71-746-3

إهداء

إليكِ هبتي
هبةً أتيتِ
إليكِ: «إلامَ؟»
إبنتي
هديتي.

تمهيد

يؤرقني صوت بُحَّ في مرابع بلادي وأغوارها، يوقظني لأكُفَّ عنِ القعود وأمشي. وصرخة تهزّني، أضحت نزفاً من حناجِر أهي تدفعني كي أتحرَّك؟... صيحة تعلو من أفواه المساكين المتعَبين فوق تخوم أرضي تطير مع زَغَبِ الأجنحة وطيَّاتِ النسيان تقول لي: إفعلْ شيئاً.

شكاوى تراكمتْ، عزَّت وندَرَتْ خوفاً وإيماناً زمان الأنبياء الأتقياء الذين يحلّونها بسحر الإيمان والتقوى وأعجوبة الهلع والورع يحلِّلون آهاتِ العبيد والأسياد فتخمد الأنفاسُ على آلامها وآمالها وتصمت الأجيال مراحلَ على أنَّاتها وعِللها، لتعودَ تنفجر كالبراكين في وجه الطغاة وزعماء الطوائف أقزام الحلِّ والحلول! وما هان على الخلفاء وأولي الألباب، عزَّ واستعصى على الأنذال وضعاف الرؤيا ممَّن تنطَّحوا للزعامه وتدبير أمور الناس!

أسمعُ اعتراضاً، ضجيجاً يوبِّخني كي أفعَلَ، وأقدمَ شيئاً، وأبدأ رحلتي...

ذهبتُ إلى أخبار الأقدمين والمحدَثين من حكَّام وأدباء، شعراء وحكماء، وجوهاً ظريفة جُلَساء...

رحلتي إليهم لاستمتاعٍ في الرواية والإخبار، وإخراجٍ للوحةٍ، من أشعارِ حِكمةٍ وأفكار...

أنا لا أقدِّمُ في هذا الديوان، مرثيَّة عن بلدٍ كيان، عن بلدٍ متماسك صلبٍ، دعوه وطناً دائماً! ولا أقيم مُناحةً وعويلاً، وأهلُ البيتِ لا يعترفون بتداعي الأساس وانهيار دعائمه...

إني أرفض الندْب والبكاءَ والرثاء وأدعو إلى مقاومة مناحات أهل الحكم ودَجَلهم وتهويلهم الفارغ بالانهيار وهم ينهارون زماناً أرفض ما يُمهرجون! حتى يغيِّرَ القومُ ما بأنفسهم! وحين تأتي ساعة القيامة بقدرة قادر وينهض الوطن معافى، في تلك الساعة أغتبط وأتهلَّل وأدخل إلى فرحِ ربي، ويدخل شعبي حقيقة جنَّته...

رحلتي عبرَ حروف التراث، بين أرجاء نصوصه المتنوِّعه، مزيج من متعةٍ وحسرة، قطفت منها ـ باحثاً في ما قُتِلَ بحثاً ـ باقاتِ أحكامٍ وحِكْمَة، وزَّعتها كلماتٍ وزهوراً أضمّها قصيدة تحت كل عنوان، أحسبها باقة عطرٍ ومعرفة على طاولة مواطنيّ وأحبَّتي، أرسمها مزهرية، تزيِّن جدران خزانة كل أديبٍ أو باحثٍ معاصر، أزفّها بشرى سيِّئة لحكام بلادي، أبشرهم بعذابٍ أليم، وآخِرة سوداء تودي إلى الجحيم! أترجم ما كان سائداً في الزمن العتيق وما تلاه من مراحل ظلمٍ وقتلٍ وعسفٍ وفساد وحب وكراهية أترجمه، عبرةً لمن اعتبر أقارنه فرعاً يُموَّه و يُعرَضُ عنه ليحلَّ اليوم أصلاً وقاعدة ثابتة في القتل والإجرام اقتحمَتْ حتى مضاجع الحب والغرام، توزِّع فوضى منظَّمة من دوائرَ تدَّعي النهضة والعولمة...

إذا هتفَ الناسُ: يا معشرَ الحكمِ! علامَ تراهنونَ في الفوضى؟ وإذا بُحَّتْ حناجرهم صراخاً إلامَ هذه الهيمَنة؟ يأتي جواب يُموِّه دَجَلاً وفوضى!

إني أبشرهم... نعَم، بعذابٍ أليم وأفهمُ أنَّ لذَّة السلطة لن

تعيشَ بينهم أبداً، سَينغِّصُ الناسُ عيشَها سيقَدِّمها الجياعُ وَجْبَةً مُرَّة ويحولها المَرضى والحزانى والثكالى ـ سَلَطةً حادَّة ـ لا سُلطَةً طيبةَ المذاق و طبقاً سريعاً، حاراً و مُرّاً، طَبقاً مُفَلفِلاً، يمَزِّقُ أحشاء الطغاة ومُدَّعي الحرية والتقدم!

إنَّ شبكات تخريبِ الكون، من خلال تسللها إلى السلطة قد دمَّرَت كل إصلاح ووقفت تحول دون أي تقدّم وتحضّر. وما دَرَجَتْ عليه قديماً من فساد، ازداد حجمه وانتشاره بين شرائح المجتمع بانتقال وبائه تسويقاً للأجيال المتعاقِبَة، وأصبحت الصغائر كبائرَ وأضحت مفاهيم التقدم والرقي تضخُّ الأوهامَ الإصلاحية من مصادرَ عالميَّة وتبنى على أسس روحيَّة وهميَّة بعيدة كل البعد عن حضارة العلم والمنطق...

لقد هجرتُ بدوري ما توصل لي من حداثة فاسدة. ورحتُ أمسك بُخيوط شبكات الفساد من خلال رواياتِ وحكاياتِ الأقدَمين وأخبار الخلفاء والحكام والموظفين ـ رواياتٍ تُدلي بإفادات يندَى لها الجبين، تورِّط القائمين على السلطة منذ بَدء التاريخ في لَفْلَفَةِ الجرائم! وعَكَسَ إهمالُ القضاء والعدل شللاً في عصب النظام وأمنه وساد النهبُ واندلعتِ الفتَنُ تمدُّ ألسنتها إلى خَضَارِ ونَضارِ بلادي! امتدَّتْ مفاعيلُ الفتنة والفساد إلى الطائفة والمذهب والأسْرة. حلَّ التزويرُ وضاعتِ الحقيقة. اهتزَّتْ عوامل المناخِ والبيئة وساء جوُّ الرحلةِ النقيَّة في سماء وطني...

اختَلَّ توازنُ المحبِّينْ، وتعرقلَتْ مسيرةُ المغرَمينْ، وهام الحبُّ المزَيَّفُ في قصائد الشعراء الغَزِلينْ.

انكفأتُ إلى مشاعري أبحثُ في سموِّ النفس وصدق الأحاسيس فلم أعثر إلاَّ على النَّزْرِ القليلِ في أعماقي متأثراً بموجاتِ المفاهيم الفاسدة التي عمَّمَتِ المجون والابتذال في الحب!...

وقفتُ مع السائلين، مع المعذَّبين، ومع الغَزِلين وقفتُ أصدُّ الهجمةَ الشرِسَة، أكتبُ عن أمَّتي ورعيَّتي، عن خاصَّتي وأحبَّتي أناديهم: إلامَ المنحَدَرُ؟ إلامَ القهرُ والتقهقرُ؟

إلامَ يُنازِعُ موتُ القضيَّة والعمرُ؟

سميح الضهر

2010/11/5

لمســـات

إلامَ؟

مقدمة

الأديب الشاعر سميح الضَّهر غالي جداً. . . أن أقدِّمَ لديوانه الشعري (إلامَ)، وقد وضع فيه شاعرنا عصارة معاناته وتوثباتِ عواطفه فصاغها بجملٍ وتصاوير واستعارات وكنايات سكبها كلها في قالب شعري يتنقَّل بُين شعر التفعيلة بتقاليدها، والشعر الحديث الذي لا يقلُّ عن الأوَّلِ، لا في الروعة ولا في السبك، ولا جزالة النص وانسيابه. وكأنه يعلن في ذلك أنه ابن الحرية وبغيرها لا يرضى كتابة الشعر المبني على صياغة الخبرة - والتعبير عنها لا بدَّ أن يمسَّ قلب القارئ والسامع بعد أن مسَّت ضمير ومشاعر الكاتب وقد أخرجها مولودة من آلامه وآلام مجتمعه وبلاده، تصرخ صرخات متتالية، يردد بعضها أصداء بعض، بعد أن جاءت الكلمات اللغويَّة نتائج لردةِ فعل على قهر ظالمٍ غاشمٍ طاول البلاد أفراداً وجماعات، في الحياة الشخصية والعامةً، في الحياة الوطنية والاقتصادية. ولشدَّة الألم وقوة الغضب استعار الشاعر بعض العبارات التي يظنها بعض البورجوازيين التربويين نابية على السماع. أما هنا فكان ورودها نبوياً كما في حزقيال وأشعياء والعهد الجديد. أوردها الشاعر كما أوردها غيره من الشعراء المجَّان ولكن هنا ليس بسكر الخمر بل بسكر الوجع وخيبة الألم. ولكنه ينظر النور آتياً والفجر منبثقاً ولو كره الظالمون.

لم يجد الأديب سميح الضهر ما يبرر ما وصلت إليه الحالة في لبنان وفي البلاد العربية كافة إلا بالعمالة والخيانة والتواطؤ المترافقة مع القهر والظلم وخنوع بعض الوصوليين وجعلهم من ذواتهم عصاً، يلطمون بها رأس من يحاول أن يرفع رأسه من غير إذنٍ، أو سماح...

يملك الشاعر دائماً بحراً من المشاعر. تياراته متنوعة، ألوانه متعدِّدة، تسير مع مسير التيارات المختلفة لا ينحصر في قفصٍ معيَّنٍ من أقفاص نماذج الشعر بل كالحرِّية والروح يوجه دفَّة مشاعره ليسيِّرَ المركبَ ويحطَّ حيث يشاء وحيث تقوده مشاعره. ففي النقد يملك اللسانَ وقاموساً من المفرداتِ غنياً جداً. وفي الحياة الاجتماعية فهو ابن الريف بكل علاقاته الإنسانيَّة وتواصله الذي لا يقطعه إلا الحساسيَّة المرهفة ضد الكذب وعدم الصدق والإخلاص في الكلمة والعمل.

ومع العاطفة الجيَّاشة هو فارسٌ مُجِدٌّ يمتطي متنها منطلقاً من منازل العشقِ والحبِّ إلى تلال المعاناة ومتعرجاتِ الصعوبات حيث كانت، ينتقل من بيروت إلى كلِّ لبنان، ثم في المكان إلى مصر وفلسطين، يواكب مسيرة مواكبها وجحافلها، التي هي بعون اللهِ مظفَّرة على كل ظلم وطغيان، لا ينتظرعبور الزمن ليعبر إليها، بل يعبر معها في زمنها إليها ليكون واحداً من آحادها. ولكن الكلمة برغم الخيبات والقهر تبقى الأقوى ومن كل سلاح أمضى. ويخاف الجزَّارون كلَّ كلمة حق. كما خاف جزَّارو الهيكل ولصوصه الخروف الذي سيقَ إلى الذبح ولم يفتح فاه إلاّ بالحق، فكان الباطل زهوقاً.

بهذا الكتاب نأمَلُ أن يجدَ القارئ والباحث كلَّ نواحي البحث التاريخيَّة والاجتماعيَّة والسياسيَّة والأمميَّة، وكذلك جمال الأدب ففيهِ مستورات الأشياء الكثيرة.

2011-5-20
متروبوليت عكّار وتوابعها
باسيليوس

أمام رؤية مستقبلية مشرقة

يستفزك العنوان... يدفع بك إلى التساؤل عن سبب اختيار هذه الكلمة المختصرة عنواناً للديوان.

«إلام؟»...

تنطلق في القراءة دون توقف... تقلب الصفحات التي تجمع في طياتها حكايا كثيرة عن ماض غابر لم يكف عن الدوران أو عن التغلغل ضمن واقع جديد ـ قديم يبحث عن حراك شعبي أوعن أداة للتغيير.

«إلام؟»

... مئة سؤال وسؤال بين دفتي الديوان. تصفعك بدقتها ووضوح المعاني. تحار.

أهي تساؤلات أم مداخل إجابات يستطلع بها الشاعر سميح الضهر ماضي العرب وحاضرهم؟

فالشاعر يأخذك في دوامة التاريخ الذي يعيد نفسه منذ مئات السنين المتراكمة بعضها فوق بعض والمتداخلة بعضها ببعضها الآخر كشبكة حاكها عنكبوت بناء لخطة تبدو للوهلة الأولى غير قابلة للحل... من أيام الخلفاء والحكام إلى أيام الملوك والموظفين. والمجموعتان لا فرق بينهما إلا النزر اليسير.

يذكرُك في كل حرف، في كل بيت شعر، في كل قصيدة يطلقها ـ كالرصاص الصائب ـ تورط القيمين على السلطة «في

19

لفلفة الجرائم وفي إضاعة الحقيقة ليحل مكانها التزوير». ويذكرك أيضاً وأيضاً، أن مواجهة هؤلاء القيّمين على تلك السلطة في بلدان العرب، وفي لبنان أولاً، لا تكون ـ نظرياً وعملياً ـ إلا بثورة شاملة على الفساد والإفساد وعلى الطائفية «وغولها الذي لا يشبع». «إلام؟»

إنه السؤال ـ التحدي الذي يعود ويعود. ينخر في رأسك ليضعك أمام حقيقتك العارية كمواطن، كعربي، كإنسان، بدءاً من ذلك المقطع من قصيدة «لقاء» الذي يفتتح به الشاعر سميح الضهر ديوانه... ووصولاً إلى تلك القصيدة المسماة «ما بعد حسني» غير المبارك من قبل شعب مصر التي تودع بها باباً من ديوان سمين لا تستطيع إيفاءه حقه في بضع كلمات قلتها أو تقولها على عجل.

لا ننكر بعضاً من سوداوية تخيم على الديوان.

كيف لا، والشاعر المرهف يرى العالم اليوم ـ كل العالم المعولم ـ أسير وحش يبتلع الذهب الرنان المستخرج من عرق الكادحين أسير قايين المتجدد أبداً إنما الآتي، هذه المرة، من مغارب الأرض ليقتل إخوته تارة بسلاح الجوع وطوراً بالسلاح النووي... ظنّاً منه أن بإمكانه السيطرة هكذا على العالم ومقدراته.

غير أن الغيوم السوداوية التي تتراءى لنا هنا وهناك، من خلال بعض القصائد ذات الطابع الإنساني (كتلك التي تتحدث عن الطائرة الأثيوبية) أو القومي والأممي، لا تلبث أن تفتح الأفق أمام رؤية مستقبلية مشرقة تنطلق من ماضٍ مناضل في قصيدة (هتاف بالعامية) ومن راهن مقاوم في قصيدة (يا رفيقي) لتصل إلى ذروتها في خواتيم الديوان عبر تصميم الشاعرسميح الضهر على الالتحام مع الجماهير العربية الهادرة في مسيرة الحرية والتغيير:

قم أخي في ديارك

ولنشارك ولنشارك

أبشري يا ساحة الشهداء

بيروت يا أم الحدائق

أنا آتٍ بعد حسني

سأشارِك. . .

بيروت في 24 آب 2011

د. ماري ناصيف ـ الدبس [1]

_____

(1)   نائب أمين عام الحزب الشيوعي اللبناني.

صرخة مدوِّية

صرخة مدوِّية في وجه الظلم والفساد أطلقها شاعرنا من أعماق قلبه ليدلل على شدة معاناته في هذا الوطن "المزرعة"، وما يلاقيه مواطنوه من قهر وعذابات مؤلمة، لا يهتم بها الحكام، ولا يعيرون للواعجهم أيَّ اهتمام لأن همهم الوحيد هو المصلحة الخاصة.

صاغ هذه اللواعج في قالب شعري يدخل أعماق النفس دون استئذان بالرغم من الجراح التي تولدها عبر سيرها لما فيها من حرقة فؤاد على مجتمع يعجُّ بالفساد، والناس فيه نيام غافلون عمّا يجري حولهم، إما خوفاً وإما عن جهل مطبِق، هذا ما أثار حفيظة شاعرنا فصاغ كلماته ممزوجة بخمرة الآلام التي لا تسكر إلا أنقياء القلوب آملاً أن تعود المياه إلى مجاريها، ويعمّ النور هذا الوطن، ويقاد إلى شاطئ الأمان، لإيمانه بأن الكلمة أقوى من المدفع، وتفعل في النفس المتعطشة إلى الحياة الكريمة فعلَ السحر، ويقضي على الظلم والبهتان.. متسائلاً في كل لحظة «إلامَ» وكأنه بهذه الكلمة يحث المناضلين على الجهاد ودكِّ أسوار الظلم والاستبداد...

راجي الأسمر
رئيس جمعية "إبداع" للعلوم والفنون
في عكار

هدير الغضب وصليل الحجر

"إلام" ديوان يزخر بحجارة من سجِّيل، يقذف بها الشاعر جحافل الليل المتربعة على صدور وظهور الناس في هذه الديار.

وأنت تقرأ... تشعر بهدير الغضب وصليل الحجر ينهال من بين السطور والكلمات؛ يدرك ذلك جيل «سميح» وجيران ذلك الجيل الذين ترعرعوا على رفض الظلم والجهل والتعصّب أكثر من غيرهم.

وهو لا يترك فسحة من ضوء هنا وهناك إلا ويتشبَّث بها محاولاً مدَّها ذات اليمين وذات الشمال لعلَّه يسرِّع في دحر الظلام.

طوبى للأحرار، يا صديقي، والفجر آتٍ.. لا بدَّ آتْ.. بورك عملك.

أحمد عبد الفتاح(2)

(2) شاعر وأديب من مؤلفاته ديوان: «صنم في المدينة».

فاكهة غير ملوَّثة

سميح الضهر، يقدم لنا فاكهة غير ملوَّثة... أفكاراً لا تعتريها شوائب التنظير والترف... يجمع من نوادر التاريخ وحكايا الماضي ما يؤجّج انتفاضة الحاضر... هذه الانتفاضة التي يريدها أديبنا شعراً صريحاً يواجه ولا يوارب... إنه، وباختصار يعيدنا إلى وضوح الرؤيا... يغسل عقولنا وحواسنا من عفن الترهل أو الانحراف...

نقولا عيسى
أستاذ محاضر في الجامعة اللبنانية

مع السائلين

إلامَ؟

لا لأصنامِ الدمى

لا ، لأصنامِ الدُمَى! أقولُ وأصِرُّ. . .
ولكن، منَ تولَّى الأمرَ دهراً يستَقِرُّ
يُحرِقُ وجناتِ أمي تَكفَهِرُّ
كيف لا أسأل، أُسائلْ
من تولَّى ويُضِرُّ
من تولَّى ونُسَرُّ
في ابتداعِ أبجدياتٍ لهُ، إلامَ؟
يا معشرَ الحرفِ إلامَ؟
يستَمرُّ. . . !

مساكين أهلي

مسـاكـينُ أهـلـي يـنـشـدونَ أكـثـريَّـه
لـيـتـهـم يـدرونَ مَـن يـغـدو ضـحـيَّـه:
وطـن قـتـلـنـاه كـلامـاً وغـرامـا
أم نـظـام يـهـتـرئ يـبـقـى **إلامَ؟**
قـد يـفَـبـرِكْ فـيـنـا ظـنـاً يـتـعـامـى
يـتَّـهـمْ فـيـنـا جـراحـاً وآلامـا
فـقـرار الـظـنِّ (مـوضَـه) تـتـنـامـى...
لا عـزيـزي مـا تـعـوَّدنـا فـي زهـدٍ أن نـنـامَ
فـلـنـحـرِّرْ مَـن تـحـرَّر والـسـلامَ

حنكمِّل المشوار

أن تَهزَّ العُرْبَ غَربُ؟
هُزَّ ما شِئتَ فصِربُ
ما تمنَّيتَ و بلقانُ
خسِئتَ ما لشهواتكَ رَغْبُ
ما لإرباكها[3] رُعبُ
انتظرني أرقب الساح هناك
انتظرني لن أنخَّ[4]! صحَّ شعبُ.

أن تهزَّ الشام غربُ
ويُمَّوَه فينا إرْبُ[5]
إخْدعِ الأهرامَ عُدَّ
باشواتٍ كَم هُمُ
أخدعْتَ، ثمَّ جاع شعب طال نهْبُ
فصحا النيلُ تعلَّمْ

(3) الها: تعود لشهواتك.
(4) أنخَّ: نخ الرجل: سار سيراً عنيفاً. والنَّخَة بالفتح المرَّة والرقيق من الرجال والنساء يعني المماليك. هنا لن أسرع إليك، لن أركع.
(5) إربُ: حاجة.

كيف يجري من عيونٍ فيه تبكي
والدماء كيف تحبو
من إلهِ المعجِزاتِ
إلى لبنانَ وتصبو
من إلهِ المَكرُماتِ
يرفِدُ الدمعَ يضخُّ
من ضحايا، أما أنتَ
أنت يا غربُ إلامَ
تدَّعي الأمن تُنظمْ
فوضى فينا وتصبُ
فنصدق نحصد الريح
نقاوِمْ
فتدبُ!
وتخرِّبْ!
فنصدُّ البابَ والأقدامَ
أنتَ وإلامَ
تُخمدِ الأنفاسَ فينا
أنت غرْبُ تبقى فينا
وعلينا
وإلامَ
تبقى آهات وحبُّ
وتصدِّقْ فيك نُخْبُ
ويموت الموت فينا
ونقول: نحن شعبُ
نحن شعبُ؟

إنْ هززتَ الرأسَ عنَّا
أفرخَ الطعمُ وزَغْبُ
بالملايين رؤوساً تُقاوِمْ
غير ما تنويهِ أنتَ
غير ما تبغيهِ أنتَ
غير سُمٍّ ودماءٍ وهزائمْ
بالملايين نُقاوِمْ
إلاَّ من يبقى يُطبِّعْ[6] ويساوم
باسم شعبٍ مُخدَعٍ
باسمِ طفلٍ مُفجَعٍ
باسم تشريد السبايا وعذاباتٍ تدبُّ. . .
تاهَتِ الأحزانُ فينا
أيُّ قُطرٍ تمشي فيه أم تُراها قد تَعبُّ
منْ يُصوِّب مَجرى هذا الحزن؟
شرقُ؟ لا! ليس إلاَّهُ وغرْبُ
أشرك اللهَ بإرهابٍ وقالَ:
هذا رعبٌ هذا رعبُ!
منه ربي، ربكم هو شُهبُ
وعلاماتٌ تقول: اتقوا اللهَ يا عُربُ!
ما أحَيْلاكَ أنت! أنت محتال يا غربُ!
إسمعِ الريحَ حِراكاً
غيَّرَ الوُجهَة رعبُ
رعبُ شعبٍ حطَّمَ الأصنام رغماً

---

(6) يطبِّع: من تطبيع العرب مع إسرائيل.

إسمعِ الردَّ نقياً
لا ما ردَّ شغْبُ
لا ما ردَّ صَخْبُ
إسمَعْ نوايا صحوةِ النيلِ
تحرَّكَ ياسمينُ، صَبا بردى
يُنعْنِشَهم عشقُ لبنانَ وقلبُ
وتلوِّحْ؟ آهِ غربُ! تلعب النارَ؟
تراهِنْ؟ تتوعَّدْ؟
إنْ يمانع فيكَ حبُ؟
إنْ يفوح عطر بُيروتَ؟
وكيف تبدع الجبهاتُ جنساً يشرئبُّ؟
جنساً ربه حرٌّ يقاوم ويُصرّ

تبدع الجبهاتُ نوعاً من نسيجٍ وحرائر
هي حرَّه وَهْوَ حرّ
نوعاً غيَّرَ الوُجهةَ غيرَ ما
يهفو إليه انتهازيٌّ وضَرْبُ(7)
تبدع الجبهات نوعاً. . .
وتسوِّقْ آهِ غربُ! منكَ إرهابٌ ورَهْبُ
لك أقدام في شرقٍ
لك أذناب وذَنْبُ
لك ما في العرْبِ بعض
يتلوَّى أو حبيبُ
إنْ تُمايِلْ قد يَميلُ
إنْ تُحايِلْ يستحيلُ
تتكتَّل منه أحزاب وسِربُ
كان ذاك السربُ يمشي
مات أعمى ويُغنِّي! عاش غرْبُ!
مات ذيلاً، يتدلَّى منه ذنْبُ
مات أحمَقْ: يتستَّر من حضاراتٍ يقول:

---

(7) ضرب: أحدٌ. أي انتهازي.

أيُّ عيبٍ يتدلَّى؟ هذا شُرْبُ!
فرَّخ الريحُ فراخاً وصَحَتْ أمَّتي
إمَّا أنْ سالت دماء إمَّا شُرْبُ
من حليبٍ للسباعِ يا تُرى؟
أمَّتي حطَّتْ تُراجعُ
ثمَّ راحتْ في مَخاضٍ أنجبتْ
يا ترى: هل شعَّ شُهبُ؟
لن أصدقَ أن ينالَ منا غرْبُ
بل أصدِّق أنه إنْ مات سِربٌ قام درْبُ
لن أصدقَ أن تهزّ السندِيانَ
بل أصدِّق طعمَ لبنانَ زمانَ
لك في الشام غرام مُبْهَمُ
يتمايَلْ، يتثعلَبْ، يُفهَمُ
إن تجاريكَ الشآمُ تتْعبُ
أما نحن: ما تعوَّد فينا قربُ[8]
إنَّ للعرْبِ رباً لنا ربُ

لا والذي أخذ القرارْ
لن يُبدِّد عِطرَ دار
أو يخونَ الجارُ جارْ
إنْ أخَيَّ أو ديارْ
لن تمرَّ أيُّ نارْ
تدَّعي ثوبَ الغَيارْ

---

(8) قربٌ منك.

إنْ بدِينٍ أو غِرارْ
إي وربِّ مَن سيبقى
من رفاقٍ أو حِجارْ
بالوعدِ كاملْ يا أخَيَّ
يا وروداً يا زَهارْ
كنا حنكمِّلْ زمانا
حنكمِّلو إيه؟ حنكملو إيه؟
إي!! حنكملِ المشوارْ. . .

12-أيار-2011

خزانة في الدار (9)

أحييكم وسعيكم، أفرح لوثبة حرة في زقاق مدينتكم، أهفو، وأهفو، لوردة أعبُّ من عطرها وأنا في الطريق إليكم هنا. أرقب الساح هناك في عمق شارعكم أرى طفلاً مجرداً من لعبه ينادي أطفال ضيعتي لوحشة هيمنت، لبؤس حل جزءاً يعض، ثم أضحى كلا!! ولما يزل. أسمع دعاء شيخ يصلي لموت من ضجر الحياه. أحن لمدينتكم، انتظرها في باريس وجنيف ونيويورك، أصحو مع شبابكم والأدمغة، هناك فنرى قرص الشمس قد تعلق في أغصان افريقيا ينادي ويقول.. دوركم لم يأت بعد!! لماذا هذا التصنيف الحضاري؟؟

أن تثبوا! أن تنزلوا إلى ملاعب العصر والحياة! أن تفرحوا؟ ذلك فجر! وظلامه عقاب لكم، ولكم في القِصاص حياة؟ ربما! يا أنوار أمتي. أيها الفنانون الأدباء في رصد الحياة، يا معشر الحرف، هلموا وأنتم ترفدون الخزانة والدار بمخزون الفطنة وإكليل الغار، هلموا يا معشر الحرف إلى لملمة أبجدية الوطن في كلمة الوطن، من هنا، من دار حلبا من ذوق حلبا، من قلعة حلبا هلموا

---

(9)   ألقيت بمناسبة إزاحة الستارة عن خزانة الأدب والمكتبة في دار بلدية حلبا، عكار.

إلى وحدة أبجدية لبنان. إني أرى في حركتكم بركة لكم. عساكم
تفرحون، عساكم تنهضون تعالوا نوقف العتمه من فم الذئاب،
تعالوا نقول لمن يمثلون هذا الطفل المجرد من فرحه، وهذا الشيخ
وهذا الشاب وهذه الأرض والمدينه تعالوا نقول لمن يمثلونهم:
كيف كيف تمثلون؟

تسألون عن الأرقام وأحجام العباد

والكرم حزن، والعريش في سواد

والحبة ثكلى تفجعت، والغصون والجماد.

والتين والزيتون لجمعِ سنين

مواسم ردم في الأنهار وثوب حداد.

حبة الحنطة وزرع الورد شوق واشتياق

إليك ضيعتي، إليك جدتي، وثوب مدينتي...

تسألون في المواسم عن مواسم

ما زرعتم، دفنه أوْلى المراسم

هذه الأمة نهشتم لحمها

هذه الأرض حرقتم وجهها

هذي المعابد أخرجوا من دورها

ترسمون السمَّ ألوان جدارها

لا تلونوا قاعة الصلاة وربها

وتمحدلوا الإيمان يا من تدّعون

بالزور والتمثيل يا من تعملون

فشرائع النسبية هلا تطرحون؟

نتحدّاكم إذا كنتم تجرؤون

37

في السر حق⁽¹⁰⁾. في العلان تكذبون
في الدار عرس، كيف كيف تمهرجون؟
والناس موتى!!! كيف كيف تمثلون؟

---

(10)   حق: أي تعترفون في الخفاء بالحقيقة وعدالة النسبية.

إنْ تجوعوا فاصبروا

قول يتردد عن (الكبار) وأعني القادرين على إحضار العيش دوماً والإطعام ظرفاً يؤملون الجياع القاصرين بالتجمل بالصبر. هؤلاء القادرون على غلبة الفقر... هم هم يتمتعون وأيضاً يتنعمون، يتلذذون بما يرون... ينهشون لا يصبرون... صغارهم، كم هم معدمون! كم هم جياع... حكامَنا لا يشبهون؟

ما قلتَه عين الصواب أشعبُ[11]
قبّ البطون[12] فكرهم لا يحضرُ
لا تبكِ حظاً، من نزلت ديارهم
فيهم صغير، عينه قد تنظر[13]
يدنو حياءً من بكاء يسمع
يسأل، يحسّ، إنْ فقيرٌ يعبرُ
أما الكبار ينهمون فريسةً

---

(11) أشعب: ظريف من أهل المدينة يُضربُ المثل بطمعه، تأدَّبَ وروى الحديث ـ 771م ـ 154 هـ... جلس أشعب مع قوم يأكلون وكان مازال صغيراً، وبعد قليل أخذ يبكي فسأله أحد الحاضرين: لماذا تبكي يا أشعب؟ فقال: الطعام ساخن. فقال الرجل: دعه حتى يبرد! فقال أشعب: أنتم لا تدَعونَه...

(12) قِبُّ البطونِ: كناية عن الأسياد ذوي البطون الملأى.

(13) يُقال: فلانٌ فيه نَظر أي: إنه يُحسُ ويفهم..

كالوحش ينهش لا يحس ويزأرُ
قالوا: لماذا الدمعُ؟ والحال موسرُ
ولم التشكي والبطون تعمرُ
من صحن ذا، من صحن ذاك وصحنك
أمر اللعاب لا يُرَدُ ويؤمَرُ
جود الطعام أن يكون بارداً
في جوفكم لا ساخناً يُحَمّرُ
ابكوا على ما قد مضى من جوعكم
العيش آتٍ في القريب فأبشروا
أنتم صغار في الزمان وطوله
نحن نقسِّم عيشكم إن تكبروا
لا تقربوه، عيشكم من شأننا
نحن نقسِّمُ جبنةً فاعتبروا
بالعدلِ فيما بيننا وبينكمْ
أنتم عبيدٌ والولاة تأمرُ.

مجرى الحزن

تقول أحلام مستغانمي[14] عن دماء المناضلين التي سفكتْ وعن ضحايا الإجرام التي رميتْ في نهر السين تعميةً وتضليلاً: (لو أن للسين ذاكرة لغيّر الحزن مجراه)[15] أما نحن فنقول: بعد معاناة وطن الكمّ والضحايا، لسلطة القبائل والرعايا، بقوانينها العفنة، التي أنتجها مجلس أعمى، أصمّ، أخرس، نقول لمجلس عزاء الطوائف: لو أن له ذاكرة تحتضن الحزن على شهداء الوطن، لغيّر هذا الحزن مجراه! مجلس أنتج سلطةً حالت دون دخولهم إليه فكان شرفاً لهم. نقول لمجلس 2009: إن سوائل الدماء قد تغيّر! فإلام مجرى الحزن باقٍ في القبائل؟ أمَا حان حينُ فرَحٍ ما؟

قد تواعدنا كثيراً..
بالمناسم[16]
رحنا والروضُ بعيداً
بالمغانم
إن أطلّتْ أزمات من معابرْ
أو سمعنا جلباتٍ في دوائرْ

---

(14) أديبة جزائرية عانت كثيراً من الإرهاب والتشرد والنفي إلى فرنسا.

(15) ذاكرة الجسد.

(16) جمع منسم، مصدر النسيم العليل.

قلنا : إن الفوضى معْها أيُ دابرْ
لا ولن يرفعْها إلا منَ صَنعْها .
لا ولن يقطعْها عنا إلا غابِرْ
من بعيدٍ يزرِعُ، مِلءَ الأنامل
أو قريبٍ يصنعُ منا (التنابِلْ)[17]
نقذف اللومَ عليه[18]
ثم ينسى كلُ من فينا، يجاهِرْ
في هواهُ لغريبٍ أو مجاوِر.
وترانا في النومِ نحطُّ
بين أحضان العواملِ والنوازلْ
نعم، نعمْ، سقطتْ كلُ المراحِلْ
ألفُ نعمْ، سقطتْ كلُ المراجلْ
والدليلُ، قد تهاوى برلمان![19]
عادتِ الأزماتُ تترى. . . !
لا أصدّق قبل أن يولدْ. . . . ![20]
ولكن، بل أصدّق الأناملْ
زُيفّتْ! كم زيّفَت
كانت، أَوْلى أن تُقطّع
لكِنها، حين تحاوِلْ

(17) كسالى، جبناء.

(18) الهاء تعود إلى ـ البعيد أو القريب الذي عوّلنا عليهِ.

(19) شُلّ مجلس النواب اللبناني بعد سلسلة الاغتيالات بدءاً برئيس مجلس الوزراء الشهيد رفيق الحريري مروراً بتعطيل مجلس2009 الجديد ومعه مجلس وزراء لحكومة لم تشكّلْ لأشهرعديدة حتى 30/ 10/ 2009.

(20) يولد المجلِسُ: ينتَخبُ.

فَضَحتْ زيفَ المحادِلْ
أنت يا أرزُ لماذا؟
زُيفتْ فيك الشرائع؟
علم ودستور مواد
ما أحيلاها روائعْ
تتنطح في الحواضرْ
فارغة فيها السنابلْ
فيها تيهٌ كالبنفسج
قد يضاهي الورد عطراً
أين منه أيُّ زهْوٍ؟
أين من شوكٍ وعوسج؟
أنت يا أرزُ إلامَ
تغرب عنك النوازِلْ؟
تَمسحُ عنك العوامِلْ
أنهرَ الحزنِ القديمْ.
أخطأتْ[21] إلا القلائلْ
حزنُ بيروتَ منازلْ
جاثِمٌ، لمّا يغادِرْ
مجلِسا ما زال قبراً
يحتوي الموتى، وحلماً
لا تغيّرهُ بحورٌ
هزّهُ عمقُ الزلازِلْ
حزنُ بيروت منازلْ

---

(21) أخطأتْ: تجاوزتْ.

جاثمٌ، لمّا يغادِرْ
هل لهذا الحزنِ أن يرحل
فقَدْ سدّتْ معابِرْ!!
حطِّموا أقلامَه[22] فالغصن ناخر[23]
واقلعوا أعراقه[24] لو جنّ فاجِرْ
يا من زرعتم بالعرق فالبيْكُ عاهِر
لم يرتوِ، لم يرعوِ، بُحّتْ حناجر
تستغيثُ عَوْنه، علّ المقامِرْ
بالمواسمِ والمجالسِ يعتدِل
ليردّ من تعب السنين، من عنابر
شعبِهِ، لكنه استوى[25] على أكتافِهِ[26]
نهتف له: رُحْ، رُحْ يا زعيماً في المنابرْ
نحن الفِدا، من مزارعْ، أو مُقاوِمْ
سِرْ بنا، بالغلالِ والحوافِرْ
إنما مهلاً جِراحي، فالزعيم مُتعَبُ
منهَك، ملّ الركوبَ أنزلوه بالخناجرْ
لو قال لا. فتّشوا أين المواسم؟؟
يا من زرعتم! أين أنتم! والخواتمْ[27]

---

(22) واحدها قلم، والقلم هنا تورية عن تطعيم الشجرة بقلم ينتج غصناً مثمراً (قانوناً عصرياً) وتحطيمه: لعدم اعتناء النواب به.

(23) بمعنى منخور: ضربه السوس.

(24) أعراقه: أصوله.

(25) استوى: جلس.

(26) الهاء: تعود لشعبه.

(27) والخواتِم: أخيراً.

أين صرتم والمناسِم؟ سائلوهُ!
هل بَلَعْها والبيادِرْ!!
هل لهذا الحزن أن يرحلْ
فقد سُدَّتْ معابرْ؟
بحر الدماء ما تغيّرَ رفدُهُ
حتّامَ ننساهُ وننسى ذِكرَهُ؟
كل شُيءٍ قد يغَيّرُ بالسوائلْ
إلا مجرى الحزنِ باقٍ في القبائلْ!

أدباء... وتظاهرة[28]

يروقني ويشدّني التغيير لوضعٍ حلّ عجزاً، وأصبح عائقاً

---

(28) التقى ذات يوم الشاعر وطبيب الأسنان الدكتور أديب مظهر صديقه الياس أبو شبكة
وقال له: ـ علينا أن نخلع هؤلاء النواب عن كراسيهم. وكان ناقماً على الأوضاع السياسية التي سادت البلاد في ظل الانتداب.
وفي الغد انطلق أديب مظهر والياس أبو شبكة ومعهما ثلاثة أدباء، إلى ساحة الشهداء وصرخوا: يسقط المجلس! ليحي الحاكم الوطني! فمشت جموع من المقاهي وراءهم إلى قصر الحكومة وغصّت الساحة بآلاف المتظاهرين يردّدون: ليسقط المجلس! ليحيى الحاكم الوطني! أمام باب السراي الكبير وقف نائب على الشرفة وخاطب الجماهير، فوثب أديب مظهر إلى أكتاف الشعب وقال له: لا نسمحُ لك أن تخاطبنا وأنت أعلى منا! فإذا شئتَ أن يسمعك الناسُ فانزِلْ إلى الناس.
ودَوّتْ أصواتُ الجموع ليحيى أديب مظهر! ليسقط المجلس! روى أبو شبكة هذه الواقعة فقال:
بعد قليل، أقبلت الخيالة واخترقت الجموع المتألّبة عند مدخل القصر فارتدّتْ عنه وبقي في الساحة أديب مظهر وأنا، نصارع الجياد، وفي تلك الآونة سمعتُ أديباً يقول لي: لا تتركني وحدي، ثم رأيت بضعة جنود يحاولون دفعنا نحو الباب، وشعرت بضربة سياطٍ على كتفي. وصرفني هذا الحادث عن أديب، فلما عدت إلى نفسي ولم أجدْهُ، أدركت أن الجنود خطفوه، فانسللت من الجياد إلى الصف الأول من المتظاهرين وأغرنا على القصر من جديد. ولما اتضح للسلطة أن اعتقال أديب مظهر سيّىء العقبى، =

للتقدم، حائلاً دون وثبته فرداً كان أم مجتمعاً، نهجاً أسلوباً أم نظاماً. خصوصاً إذا لم تعدْ تُلبّى حاجة، فتندر الحظوة بها، ويصعب خروجها للمحتاج فيناديها وكأنها في عنق زجاجة!

تتعذّرُ الإجابة عن أسئلة العامة، من خاصة الحكم! فيلح التغيير لمواقع الفساد والمآسي... وإذا كان التعبير عن التغيير للواقع عادة يتم بالاحتجاج أو التظاهر، فإني أرى في تظاهرة الأدباء الخمسة ـ أديب مظهر والياس أبو شبكة ومعهما ثلاثة أدباء ـ لخلع النواب عن كراسيهم في ظل الانتداب، أرى فيها حركة مباركة، ولو جرى وما زال يجري، تأويل وعلامات استفهام حول أسبابها الحقيقية ودوافعها. فالحركة بتوقيتها وظروفها، هي عيّنة من الشرائح الواعية المثقفة من بلادي في زمن الوصايات، نحن اليوم! كم وكم نقاربها ونشابهها في الزمن والأوصاف، كم وكم نرى اليوم بالأمس صُوِّرَ وكأن ساعة عمر الوطن قد توقفتْ منذ الانتداب على سوء ما كانت عليه، إلى أسوأ ما هي الآن فيه، فإليكمُ اليومَ يا حكماء أمتي عساكم تسألون كيف جاء الخمسةُ! كانوا واحداً فأضحَوا أمةً!

جـاؤوا رحيـقـاً مـن خـلايـا أمَّـتـي
مـن خـالِـقٍ قـبـلاً كـسـعـيِ الـنـحـلـةِ

= أطلقت سراحه وطلبت إليه أن يقابل المفوض السامي ففعل ولما خرج من عنده كانت الجموع تنتظر في ساحة قصر العدل، فأكد لها أديب أن الجنرال سراي وعده بحل المجلس وتحقيق أمنية الشعب. في صباح اليوم التالي كان النواب في بيوتهم، وصورة أديب مظهر في كل الصحف... وقد كتبت إحدى الصحف الهزلية يومئذٍ بالخط العريض: الدكتور أديب مظهر: كان يخلع أضراساً فأصبح يخلع نواباً.!

الآن سـعـيـاً لـلـسّـلامِ والـهـدى
لـلـوَعـيِ مـن جـوعٍ، وجَـمـعِ الـعـدّةِ
لا تـقـتَـنـي[29] شـراً دفـيـنـاً لـو بَـدا
أصـلاً، مـلاكـاً قُـلْ: ثـغـاءَ الـنـعـجـةِ
جـاءَتْ، فـدارتْ فـي رحـابٍ حُـرّةٍ
مـن أهـلـهـا، مـن حـلـمِـهـا مـن خـمـسـةِ
كـانـت أديـبـاً واحِـداً بـل مُـظـهِـراً
فـنّ الـتـظـاهـرِ مع خـلايـا الـشْـبـكَـةِ[30]
أضـحـوا لـقـاءَ أمـةٍ فـي سـاحَـةٍ
نـاداهـمُ الـوعـيُ بـعـلـمِ الـعِـلّـةِ
جـاؤوا أديـبـاً واحـداً مـن خـمـسـةٍ
يـغـلـي صـدوراً، شُـعـلـةً مـن شُـعـلـةِ
حـريّـتـي! هـمّ سـجـيـن فـي الـحـشـا
هـيّـا أطـلـقـوهـا صـرخـةً يـا سـادتـي!
هـاتـوا الـمِـدادَ لـوِّنـوهُ حُـمـرَةً
الـيـومَ حـشْـرٌ لـيـس وقـتَ كـتـابـةِ
إنـي أديـب واحـد لـكـنّـنـي،
فـيـكـم يـغـطّـي الـرقـمُ وجـهَ الـسـاحـةِ!
هـبّـوا امـلأوا مـا فـرّغـوا مـا شـرّعـوا
عـفّ الـزمـانُ عـنـهـمُ والـلـغـةِ!
أوْصَـى الـطـبـيـبُ الـقـائِـدُ فـي خُـلـدِهِ:
أسـنـانُـنـا والـسـاسـةُ: كـالـوَجـبـةِ

(29) لا تقتني النحلة، شبيهة التظاهرة.

(30) الياس أبو شبكة.

أفـواهـنـا : ـ كـالـبـرلـمـانِ الـمـرتَـجـى ـ
لا نُـبْـقـي فـيـهـا عِـلّـةً مـن عِـلّـةٍ. . .
كـانـت لـغـات لـم تـعـدْ مـفـهـومـةً
مــن انــتــدابٍ لانــتــدابٍ ـ أمــتــي!
عـانـت فـسـاداً مـن وصـايـاتٍ طَـغَـتْ
يـا حـسـرةً مـن امـتـدادِ الـحـسـرةِ. . .
فـي الـشـرقِ سـوء، بَـربـري نَـظـمـهُ
والـغـربُ أفـعـى، سمّـهـا فـي الـلـحظَـةِ
مــن خــلّــعَ الأضــراسَ أبــقــى واحــداً
فــالــسـوسُ بــاقٍ فـي زوايـا الــلـثَّـةِ!
مـن خـلّـعَ الـنـوابَ يـومـاً يـا تـرى
هــل قــادِر! قَـطْـعَ دروبِ الـفـتـنـةِ
بـالأمـسِ ضـاع أديـبـنـا فـي وكـرِهـا
والـيـوم يُـخـشـى مـن ضَـيـاعِ الـحـيّـةِ
مـا أشـبـه الـنـيـرَ الـجـديـدَ بـمـاضِـهِ
الـيـوم مـا أخـشـى ضـلالَ الـرؤيـةِ
لا تـقـربـوا الـحّـيـاتِ، مـن أوكـارِهـا
صـيـدُ الأفـاعـي مـاؤهـا فـي الـسّـلـةِ
عـودوا اشـربـوا مـن نـبـعِ أجـدادٍ لـكـمْ
عـودوا اهـتـفـوا فـي سـيـركـم لـلـوحـدةِ
فـي وَحـدةِ الـرؤيـا ثـقـافـات غـدَتْ
أقـوى وأجْـدَى مـن حـصـونِ الـقـلـعَـةِ!

خذها وانصرف

أتساءل وأشكك في الأسئلة والأجوبة عـن مـدى صـدقـية (محاكمات) أهل السلطه في الجرائم والفساد. كم تحلو المقارنة والمشابهة بين (رذائل) الحكام المتوغلين في عروش التاريخ واستهتار قادتنا اليوم في أمور الدين والدنيا ووقوفهم على السرقات والمظالم. المضحك المبكي في أوجه الشبه بين القديم والجديد، هو أن (كبائر) القدماء أضحت (صغائر) لدى المعصرنين، وأن البلبلة على سبيل المثال قديماً أخذت طريقها في أذهان القاده والسلطات إلى (فوضى منظمة) ومشرعنة... والأجوبة أصبحت أسئله. (خذها أيها اللعين وانصرف) قالها أمير المؤمنين هارون الرشيد على رؤوس الأشهاد... في السوق وبين العامة والخاصة. خذها! الخمرة!... هذا العمل المنكر وفي إحرام الدوله لرئيس دولة الخمره أبي النواس تُشَرَّعُ في البلع والمماجنه!! واليوم 2005م ـ زمن العولمة والجرائم يعوم أهل السلطان مقنعين فوق أبحر الفساد والفوضى يخرج عنهم زعيم[31] في الدولة والعمران (يستودع) اللبنانيين فيعاقب بالقتل والاستشهاد. يتسلل القضاء والعدل إلى هذا الكم من الفوضى (المنظمة) للاغتيال! أما ترون!! أما تسمعون؟؟؟ إني أرى وأسمع سلطان السلطة يقول للشهيد

_____

(31)   الشهيد رفيق الحريري.

المستقيل والفوضى: (خذها وانصرف). هل نحن اليوم أيها الناس قادرون على القول بعد اتهام من اتهم واشتباه في من اشتبه فيه واعتقال من اعتقل وتبرئة من اشتبه فيه بعد سجنه بتوجيه من المحكمة الدولية، هل نحن قادرون على القول اليوم كالسابق بأن قبضة السلطة الدولية هي المحرك للجاني والمجني عليه وهي التي تتهم وتلفلف؟ وإلامَ؟ وهل هي هي العصابة؟ وأنّ وعدها قد أزف؟؟ ربما!!

كل يلفلف عن سواه مذلةً
دَين وإفساد يضيع وينجرفْ
هذي الحكاية[32] لا تزال كعهدها
اليوم صمت والزمان ينحرف
هرون شعري اليوم عنك يعترفْ
نم مطمئناً حاكماً لا تختلف
عنا أمور الدين والدنيا معاً
أنت انتهيتَ حيث نحن في الألف[33]

---

(32) كان هرون الرشيد يتجوَّل في المدينة ومعه جماعة من أتباعه، فشاهد أبا النواس يحمل زجاجة من الخمر فسأله: ـ ماذا بين يديك يا أبا النواس؟ فاضطرب أبو النواس وخبَّأ الزجاجة وراء ظهره ورفع يده وقال: ـ لا شيء يا أمير المؤمنين. فقال الخليفة: ـ أرني يديك الاثنتين معاً فتراجع أبوالنواس إلى الوراء وأسند ظهره إلى حائط مجاور ووضع الزجاجة بينهما وضغط إلى الوراء ورفع كلتا يديه قائلاً: ـ هاهما يا أمير المؤمنين. فقال الخليفة: ـ تقدَّمْ باتجاهي. فقال أبو النواس: ـ عفواً يا أمير المؤمنين، ما زلتَ مصراً على فضيحتي! فضحك الرشيد وقال له: ـ خذها أيها اللَّعين وانصرِف؛

(33) في حرف الألف.

هـذي الألـف بـدء لنـا مـن ظـلـمـةٍ

يـا ليتنـا نمشي بـنـور مـن يـقـف

نـحكي مـع التـاريخ خلف ظهـورنـا

يـا ليتنـا نبـدأ بـواحـد مـن ألِـف [34]

جئتَ الرعيـة مـن حيـاءٍ فـاضحـاً

فـي أبـحـر الخمـر فسـاداً يـجـترف

خـذهـا أبـا النـواس قلـت ضـاحكـاً:

خـذهـا! لَـعِـيـنٌ أنـت عنـي وانصـرف

مـعـصـيـة تـتـرى، تـجـرر أخـتـهـا

فيهـا البـلا لا ينتهـي، لا تـستَـخِـف

مـن هـذي لا لـلـشـرب قلـت ولـلـورى

فـي مجلـسٍ لـلـشـرب سـراً تـغـترف

تـنهـى عـن الفـحشـاء دومـاً مـثـلهـا

تـأتـي أمـورعـنـدنـا لا تـخـتـلف...

بـالأمـس حلـت بـالمـعـاصـي دولـة

فـقـر وإفـلاس وجَـوْر يـكـتـنِـف

حين استقالت قال عنهـا حـاكم [35]:

عنـي ارحلي لـص رعـاك محـترف...

تـفـليـسـة لـفَّـتْ شبيـه زجـاجـةٍ

نـاءت بـها الأجيـال دومـاً تعتـلِـف [36]

---

(34)   نحن في رقم واحد من 1000.

(35)   رأس الهرم في السلطة.

(36)   تأكل العلف كالحيوان.

صلىّ عليها بطرك كجنازةٍ:
كلٌ لعِين بالرذيلةِ يقترف
استغفرَ الله عليها سائلاً؟
عن حاكمٍ، في خزنةٍ لم يستخف؟
رب وحيد قادر في سارقٍ
أن يرمِهِ مالاً بنارٍ يرتجِف...
يفتي لها شيخ المشايخ مسرعاً
من يعتني بالدار، منه يستلِف
دَيْناً ورحماتٍ على أموالها
مليارها منه ألوف تأتلف...
يا من مررتَ على الصغائر ضاحكاً
هرون اشربْ بالكبائرِ وارتشِف
هذا الخليفةُ لا ألوم مطلقاً
مرّ زمان العدل عنه واعتكف
لكنني متَبرم من حاكمٍ
دمع اليتامى حائر لمّا يجف
في عهده ضاع الطعام وقوته
والماء أيضاً ضلّ عنه مكتشِف
حتّامَ وحش في البريةِ سائب
يرجى بهِ عدلٌ لِوَعدٍ ملتَهِف
يا عصبة تنهش ودولتها هوَتْ
ماذا تركتِ لجلدهِ أن يلتحِف
ردي له هذا الفقير رداءه
في سجنه وعد العصابه قد أزفْ

أبناء النيل... وأبناء (الكلب)[37]

... لسنواتٍ خلت، زار وفد من الأدباء المصريين لبنان، وحلّ ضيفاً على الجامعة اللبنانية، كنت[38] أثناءها أحضّر لدراساتٍ عليا في الأدب العربي (الماجستير) في هذه الجامعة. ولما كان الأديب الراحل فؤاد أفرام البستاني أحد المشرفين على رسالتي الجامعية آنذاك...

ولما كان هذا العالِمُ الفَكِه، والمحدِّث اللّبِق، أنيساً في مثاقفته، مرحاً في مداعبته أطراف جُلَسائه، روى لي ما جرى بينه وبين وفد الكتّاب المصريين في معرض ذكرياته الأدبية معهم قال: كنا استضفناهم (يقصد وفدَ الأدباء) هذا الأسبوع على نهر الكلب، حيث وقفت أرحب بهم في لبنان لأقول لهم: يا أبناءَ النيل!

أنتم أربابُ الفن! يا أبناء النيلِ، يا أحفاد الفراعنة. يا أبناء النيل أنتم كذا وكذا! فانبرى أحد الكتاب المصريين يقف مصفّقاً ويحث زميله بقربه لمجاملة اللبنانيين ويقول له:

ـ ألم يعجبك دَه يا أستاذ؟ تفضّلْ بُقِ لْهم كِلْمَة كويّسَة! فقال الآخر:

---

(37) أبناء نهر الكلب في لبنان.

(38) كنت: صاحب الديوان.

ـ على راسي! عايزني أقول لهم إيه! يا أبناء الكلب! وهو يشير إلى مجرى نهر الكلب.

أسترجع الطرفة مذاكرَة، ومداعبة. أستلهم روحَ الظرافة من الأدباء أبناء النيل وأبنائنا، أستعيد الطرفة والرواية، وأوَدّ لو قُدّر لي أن أقفَ مخاطباً الأديبَ أو المفكِرَ العربيَ في المكان ذاتهِ والزمان أيضاً وأمسك بيد كل منهما، نحرقُ مراحلَ المعاناةِ بنقلةٍ سريعة، وقفزةٍ فوق الزمان ونحطُّ في مكانٍ وآنٍ معاً! لوُ قدِّرَ لي، لقلت لأديبي وضيفي وزائري: أكتبْ يا ابنَ النيلِ واقرَأ:

الفنُّ خرّ ساجِداً ما بينَنا
يحكي زمانَ العِزّ يَهوى أرضنا
يتقاسمون[39] يعشقونَ حائراً
أين ينام، راضياً مستوطِنا
يتداولون المجد! من أحرى بهِ؟
أهلوهُ قالوا: نَمْ هنا مُتَمَدِّنا
يتلحَّف السحر فضاء جبالنا
ونهارنا خَمر، وأيضاً ليلنا
أمثالكم نعشق، ويسأل حبنا:
أأرَى السكارى، عندَكم أم عندَنا؟
نَمْ أيها المجد التليد هانِئاً
من أبحر من أنهر، نمْ ههنا
فلقد تمادى الحب فيها كِنانةُ
في مَصرِها جالَ، يناجي أرزَنا
حتى استقرّ وفنَ عشقِهِ عنوةً

---

(39) يتقاسمون: أهله.

يتزاوَج جعيتا ويعزف مجدَنا
لم يرتوِ مَدُّ الرؤى مُترَقرِقاً
مع نبعِهِ بانوراما متَلبْنِنا
سبحانَ من أبدعَ وكوّنَ جَنّةً
قلْ أيها الضيف ومجِّدْ رَبَّنا
من أعطى أدهش أيَّ جنسهُ
قلْ! حرّرِ الآدابَ وانشدْ عيشنا
لا تنسَ (أوف أبو الزلف) والدّبكَةَ
مع كلّ آهٍ، غَصّة والميجَانا
يا أيها الزائر لا تنس الوَفَا
نوفي نذورَ الحرب عنكم، عربَنا
سجّلْ أديباً كنتَ أم مُتأدِّباً
نهر الوفا[40] والنيل يجمع بيننا
سجّلْ على اسم النهر حِكمةَ شعبِنا:
عهداً لَهُ، كان ويبقى خبزَنا
وإذا نسيتَ الخبزَ كيف حضورُهُ
لجياعِنا؟ صدِّقْ، فذلكَ همّنا
وإذا ذكرتَ الهمَّ ـ عذراً زائري ـ
صفحاتها لا تنتهي أوجاعنا
عَجَب يصيبكَ! كيف حلّتْ هكذا
مِحَن؟ وجنّة اللّهِ هنا!
نِعَم وخيرات تَدَفّقُ في الرؤى
أنظرْ وخلِّ العينَ تروي أعينا

---

(40) نهر الوفا: نهر الكلب.

أنظرْ فقط يا صاحبي، ومقتِّراً
فردوسنا إسمٌ، وإسمٌ ملكنا
من يملكِ الروحَ؟همُ! قلْ وحدهم
قلْ زاحموا الله، أزاحوا رَبّنا
ولِمَن همُ؟ خيراتهم والمقتنى
هلاّ عرفتَ الآن؟ هم قوادنُا!
نِعَمٌ وخيراتٌ تَدَفّقُ في الرؤى
مُسِحَتْ[41] ترى!هل وَحشُ مرّ من هنا؟
وحشُ الطوائف غوله لا يشبعُ
كذبَ الدعاةُ! ذووهُ من حكامنا
ومنافقون همُ مع إصلاحِهم
ركِبوا المعاني، دَجّلوا، والأزمنا!
أكتبْ عزيزي للديار عندكم
أدِيارَ مصرَ عندكِ ما عندَنا؟
تتساءَلون وأمتي عن موعدٍ
وإلامَ ليلٌ يتوالى ليلَنا؟
وإلامَ!نهرَ النيلِ تجري صامتاً؟
وإلامَ! تروي الدكتاتورَ الأرعنا؟
وعلامَ يبني سدّهُ مستسلِماً
متنافِقاً ومخادِعاً يا عُرْبَنا
ألأنّ سدّاً عالياً لاذوا بهِ
فقراؤنا وغَلابةٌ وجياعنا؟
ألأنّ غزّةَ والغَلابةَ عندهُ

(41) مُسِحَتْ: امتلكَتْ بهم وُغيِّبَتْ...

تتشبّهُ تَتَعشّقُ بيروتَنا؟

أكتبْ أديبي: للدّيارِ عندَكمُ

فمصيركم ــ ويلَ الطغاةِ ــ مصيرنا

سنعانقُ الفقراءَ أينَ مكانهم

فصَلاتهم كانتْ وتبقى صَلاتنا...

دُنيا ارحَلي[42]

كانت الدنيا، وكنتِ تقتلي
وَهْيَ نصف، وهْيَ كل، تفعَلي
راحَ نصفٌ[43] لم يُدارِ دارَهُ
معول راحَ بهدمِ المنزلِ
عالَم حر؟ فأنتِ تدَّعي
تذبحينَ الطفلَ، لا لا تسألي
كنتِ دنيا للحروبِ، تستَعِر
فإلامَ الصدرُ عنهُ ترحلي
وإلامَ موتٌ تبتغيهِ مُجحِفاً
وزِّعيهِ! عولميهِ! واعْدلي!
ضجَّتِ الدنيا! لماذا أمتي؟
لكِ جَنح يا ترى لم يُبْتَلِ؟
سائليني عن هوانا جُملةً
هلِّلي بغدادُ، عنا سائلي
نحن في شوقٍ إليكِ حُرَّةً
لا تُجاري اليأسَ، صبراً فاجمَلي

---

(42) المقصودة: أميركا عند احتلالها العراق.

(43) نصف الدنيا: كان الاتحاد السوفياتي.

مرّتِ الأحزانُ فينا وارتَوَتْ
بسمةُ الجَرحى، جباهاً تعتَلي
كاد يبدو النجمُ ظُهراً كلّما
صارَعَتْ بيروتُ ظُلماً يجتَلي
هدِّئي الأنفاسَ إنحي نحوَنا
لا تبالي نشوةَ المستَعجِل[44]
لم يُغيّرْهُ ظلامٌ دَجلة
وكذا مجرى الفراتِ المثقَلِ
ماؤهُ شطُّ الفراتينِ الذي
مَلَكَ التاريخَ قفزاً من علِ
إسمهُ هذا العراقُ المشتَعِلْ ـ
إسمهُ، نفطُ قصورِ المخْمَلِ
ما يُعَلّمنا كثيراً، لفظهُ
دَمويّ باختصارٍ مُذْهِلِ
إنْ حَبَسْناهُ توَلّى هارِباً
فهْو حُرّ من طعامِ الحنظَلِ
لا يذوقُ الشعبُ مرّاً مُكرَهاً
لا يُداسُ حَقهُ بالأرجُلِ
نفطهُ، لفّوا كثيراً حولُه
(طوّبوهُ) في ستارٍ مُسْدلِ
حقهم[45] ـ إن بامتيازٍ جائرٍ ـ
لا يُناقَشُ حكْمهم من عادِلِ

---

(44) المحتَل.

(45) المحتلون.

إيهِ بغدادُ عروسٌ في فضا
هل أقبّلكِ بُعَيْدَ المحفَلِ؟
زُفّتِ الفرحةُ لم تُعَمّرْ عندَنا[46]
كانتقالٍ في سجونِ البلبلِ
أهلكِ الطيرُ الغريدُ إنْ حَكَى
قامتِ الدنيا لصوتِ العامِلِ
حمّلوهُ وزْرَ عهدٍ جائرٍ
حمّلوهُ الذنبَ، ذنبَ القاتِلِ
أخرسوا الأصواتَ، علّوا صوتَهم
نقّبوا عن احتياطٍ مؤْمَلِ
مهرجانُ الموتِ شبَّتْ نارُهُ
أوقدوها في ربوعِ المنزلِ
حملةٌ سيقَ إليها قاتِلٌ[47]
علّموهُ العسفَ أعدلَ مقتَلِ
كان مهووساً دعوهُ قائداً
جاءَ يغلي صدرُهُ كالمرجلِ
لا بحبٍ أو بخيرٍ للوَرَى
شهوَةُ السلطة بلاءُ المبتَلي. . . !
صدّقي بغدادُ أنّا كُلنا
دائماً نُبْلى بوَحْلِ المبتَلي
سيّدٌ أمضى وحَلّ سَيّدُ
سيِّئاً كان وأسوأ، ما يلي

(46) الفرحة: فرحةُ وَهْمِ توقّف الحرب في لبنان بانتقالها إلى العراق.

(47) صدّام حسين.

ما تعلّمنا وقوفاً كافياً

لو تعلّمنا وقوفَ المشعَلِ

شمعةُ الأعمى يُوَلّى نورُها

دون أن يُجدي ضياءُ المرسِلِ

خيّرَتْنا الأرضُ في خيرٍ لها:

يا عِراقاً خُذْ ويا دنيا ارحَلي!

يُرادُ به... والشعبُ يريدْ

ضجَّ في الدار نشيدْ!
راح يشدو! يتوزَّع، يمتزج
تمتماتٍ وكلامْ
تمتماتٍ عن نظامْ
كان زمانا ثرثراتٍ تنقطع
ثم تبدو، تتصدَّر للأمام
حتى استقرَّ صافياً في حيِّنا
فوق الربى، خيرُ الكلام...
ضاع النشيدُ! تاهَ عن ألحانهِ
لمَّا توزَّع في طوائفَ باحتدام
ترمي بهِ أفواهُ أجيالٍ مضتْ
يا عيبَ ما تحكي تعصّبَ وانقسام
طال زمانُ حكمهم زعماؤها
هذي الطوائفُ كيف كيف لا تنامْ
ماذا يُرادُ من نعَراتها غير الظلام
ماذا يُرادُ من صلواتها ومن الصيام؟
ماذا يُرادُ من حشودها تحتَقِن؟

زعماءَها هذي الطوائفُ تَمتحِن
حتَّامَ تأتيها النتائجُ ترتهِن
لهمْ؟ دوماً لهمْ، كم تمتهِن
يا زمانَ الطائفيَّةِ قُلْ: حرامْ
خيرالكلام ارحلْ ورحْ خيرُ الكلامْ!
و يُرادُ من بيروتَ أن تتمذهبَ
والشعب كان وما يزال مُتعَبا
ماذا يُرادُ من حشودها تحتقن
بيروتُ أحرارِ الدنُى، لا ترتهِن.
ياسادةَ الحقدِ!
من المهدِ إلى اللحْدِ
زعيمٌ راح في العبدِ
إلى الجَلْدِ، إلى الجَلدِ
وفي العظمِ إلى الروحِ
إلى الأبدِ إلى الأبدِ
فضجَّتْ عندنا الساحُ
ألا هبّوا لِترتاحوا!
يُرادُ فيكمُ الأوهامْ
وزرع الجوع والأحلامْ
وموتُ العطرِ في الزهرِ
فيا أهلي كما الأنعام
يُرادُ فيكمُ القهرُ

إلامَ منهمُ العهرُ
ومنَّا ينفد الصبرُ
فهَا الريحُ تُخبّرنا
بأنَّ الشعبَ حقاً قامْ
والشعبُ يُريد
الشعبُ يُريدْ
الشعبُ يُريدْ
إسقاطَ النظامْ

لمَ مُتّ!!

حين يجور الحاكم، يفقَد العدل، وتسوء حال الرعية، ولم تعد السلطة ترى بعين واحدة، عدا مصالحها المرعية والذاهبة بالتأكيد إلى الجشع والاحتكار، فيرتهن الحاكم بالضرورة إلى مصادر سلطان المال ليكبّل شعبه بقيود تحكم الطوق على موارد عيشه، فيكثر الهدر ويعمّ الفساد فيغدو الوطن غابة خوف تسرح وتمرح فيها سلطة أنياب الوحوش والسباع، تنهش لحوم العزّل والجياع!

ولما كانت قدرات الإنتاج لكل حركة فاعلة ضمن إطار الغابة المفتوحةِ، كانت مسلوبةً، لا بل شبه مشلولة، تتحول قواها إلى هياكلَ ضعيفةٍ تدب فيها الأمراض فتقع في العجز والوهن والانحلال.

هنا يتبادر إلى ذهن المراقب سؤال عن مصير طاقة الشباب والقوى الحيّة القادرة على درء أخطار التسلط والاستغلال في خضم واقع الجمود والتقهقر. من البدهي أَنْ تسقط هذه القوى في مكبات الهدر ومسالك البعثرة والضياع تتقاذفها الأطماع والنزعات الفرديّة وتتحكم فيها عناصر الزمن الرديء والمتمادي الذي يزيد من أمراضها ويراكم في تعقيدات أزماتها ويسهّل عدوى انتشارها من الأفراد إلى الجماعات، ولما كنا في أزمة الفرد ترانا في أزمة

مجتمع تتيه فيه النفوس عن صوابها فتفقد رشدها تعايش الظلم والهوان والإهانات، تحمل آلامها لمسافات بعيدة وفسحات زمنية طويلة على قاعدة (من يهن يسهل الهوان عليه) فتقع في خلل الأحاسيس والمشاعر ولا تعلم طريق الأمان وسلام الحب والكراهية، ولا كيف ومتى تنهض إلى هذه العاطفة أو تلك، حالها: كحال حمار بشّار بن برد[48] حين رآه في النوم فسأله[49] وكأنه يستشيره بطريقة ما ليدفع الموت عنه، لا حباً به!!! إنما لمعاودة ركوبه...

لِمَ مت! هذا؟ لا يقال لمتعَبٍ
دفع الضريبة - حلمهُ أم حبهُ
أمّا مداهُ قاتل لغرامه
لا يشتهي الراحة[50] ولا أحلامَه
حتى الغرام كالطعام لحظةً
إن مرّ - مرٌّ عيشه أم ودّهُ

(48) بشار بن برد العقيلي أبو معاذ: أشعر المولَّدين على الإطلاق، ونسبته إلى امرأة عقيليَّة قيل إنها أعتقته من الرق. كان ضريراً. قال الجاحظ: كان شاعراً راجزاً سجاعاً وخطيباً، اتهم بالزندقة، فمات ضرباً بالسياط ودفن في البصرة عام 784 م وكانت عادته: إذا أراد أن ينشد أو يتكلم، يتفل عن يمينه وعن شماله ويصفق بإحدى يديه على الأخرى ثم يقول. (الزركلي، الأعلام، 2، 52).

(49) قال بشار: رأيت حماري البارحة في النوم، فقلت له: ويلك لِمَ مُتَّ؟ قال: - أنسيتَ أنك ركبتني يوم كذا وكذا، وأنك مررتَ بي على باب الأصبهاني فرأيت أتاناً عند بابه وعشقتها، حتى مت بها كمَداً؟ (ظرفاء العرب، الجزء الثاني ص 213، دار ملفات).

(50) لا يشتهي الراحة: لأنه لا يعرف طعمها.

مَيْت؟ صحيح، أياً يكن الحاملُ
بالاسم حيّ، أنَّى حلّ مكانهُ
لم يُبقِ منه نواتَهُ! ويسألهْ!
يأتى عليه، يشتدّ فيه سيرهُ
حتّام ماضٍ في ركوبِ مواطنٍ
ذا الحاكمُ الطاغي ثقيلٌ حَمْله
فإذا استشار مرَّةً محكومَه
بعد انحلالٍ يعتري مظلومَه
أو ساءل الموت الذي حلّ بهِ
جرّاء همٍ يدّعي استغفاله
فيكون في استفهامه عن موته[51]
خوف ضميرٍ ما، يدور حوله
أو خوف أحكام الرعية حينما
تدعو قضاءً كي يلفّ عنقَه
وجه قبيح للسؤال آخَرُ
للراكب عَوْدُ الركوبِ مرادُه
لحماره يتمنَّى لو دامت له
آهاتهُ، أوجاعه، آلامه
هذي المعاناة كأنها عنقه
للعبدِ طأطأ، وقامَ سِيْدُهُ
يا راكب الجحش هلاَّ سألتَه
ماذا يحب؟ الموتَ أمّا ركوبَه

(51) الهاء في موته: تعود لمحكومه لمظلومه.

ومـتـى الـهـوى لـلـظـلـم، يـوقِـفُ حـدَّه
ومـتـى الـضـعـيـفُ الـمـسـتَـغَـلُّ، وربّـه
يَـلـوي لـه[52]، مـن طـأطـأ أعـنـاقَـهُ
مـن أهـلَـكَ عـبـداً لـه وحـمـارَهُ

(52) الهاء للضعيف.

نشيد الزهد

إعلانٌ ضجَّ في المذياع إعلاما
كان الزمانُ طفولتي، قلت علامَ؟
في الأربعيناتِ؟ ميلادُ وطنٍ
وأنا، نسمع ضجيجاً دوامًا
عن حضاراتٍ بلبنانَ ومجدٍ
قالوا حدِّثْ: فقد قامت قِيامه!
قالوا حدِّثْ: عن نعمةٍ كبرى أتتكم
عن إلهٍ عاشقٍ يُدعى نظاما
حلَّ في أرزٍ وقالوا: ثروةً
حلَّ زبَرْجَدَ معدنا: نامَ وقامَ[53]
هذا الإلهُ العاشقُ في موطني
كم بالغَ! كم أخطأ وأدامَ!...
بالمَنِّ والسلوى أوعدْ طوائفَه
والوعدُ دَينٌ، فعَبَّ الدَينُ أكماما!...

الوعد أن نحيا جناتٍ وفي عدَنٍ
عمَّ الظلامُ وحلمُ الوعدِ ما نامَ

---

(53) نام وقام: حلَّ واستقرَّ.

خيراته ضاعتْ! أضحتْ لِمن؟
وكذا الخَضارُ! شهباً ضِراما
الوعد دَين في رقابهِمْ قَسَمُ
باريسُ 10[54] خلَّى الجوعَ أقساما
دام النفاقُ في كواليسهِم أبداً
لاموا الوفاقَ وحتى الشعبُ ما لامَ...
هذا الإلهُ كوَّنوهُ كِذبَةً
غربُ ادَّعى! آ خر كان أوباما!
دارت ذْئابٌ على مرعى وأيتام
تنهَشْ! وصوتُ العَدلِ ما قامَ[55]
ساد في الغابِ لحنُ
ساد موت وفن
أي لحنٍ ياعزيزي يُجَن؟

لحنُ الموت؟ موسيقى! مساكين
أنشدوا آهاً، أو آهاً وآلامَا
أنشدوا الزهدَ ألحاناً وأنغامَا
أنشدوا الزهدَ
تسلَّلَ في معابدِهم!
أنشدوا اليأسَ
توزَّعَ في جوارحهِم!

---

(54) باريس 10: خطة اقتصادية قامت بها حكومة فؤاد السنيورة لإنقاذ الوضع المتردي.

(55) ما قام: ما سُمِعَ.

أنشدوا الموتْ
تنوَّعَ في طويَّتهِم!
مساكينُ أهلي
أضحى جمعهم أوركسترا وأحجاما
أطربوا الأسيادَ تهليلاً وأقلاما...
والقضيَّة! كم تموتُ على أنغام غبيَّة
يضربون الطبلَهْ نوتَهْ مذهَبيَّة
فتضيع (الطاسة) في ضرب القضيَّة
مساكينُ أهلي ينشدونَ أكثريَّة
ليتهم يدرون من يغدو ضحيَّة:
وطنٌ قتلناه كلاماً وغراما
أم نظامٌ يهترىء، يبقى إلامَ
قد (يُفبرِكْ) فينا ظناً يتعامى
يتَّهِمْ فينا جراحاً وآلامَا
فقرارُ الظنِّ (موضَة) تتنامى...
لاعزيزي ما تعوَّدنا في زهدٍ أن ننامَ
فلنحرِّرْ من تحرَّرْ والسلامَ

صولجان وأوباش[56]

سفلَة، أوباش، مشاغبون، متمردون على كل صفةٍ للاحترام، لماذا؟ أمِنَ الفراغِ في الشخصيّة التي تنقل شعلة المعرفة والنور، وعدم أهليتها وخلوّها من مقوّمات القيادة والتوجيه؟ ربما. . . يهزأون من وسائل الإقناع. . . من عدتها وآليتها: عصا الإكراه! طويلةٍ أم قصيرة. . . صولجان السلطه، مزوِّر للتاريخ والجغرافيا بالجبريّة والعنف يحشو المعلوماتِ الخاطئة عن تاريخٍ يكرهونه

(56) أوباش: سفلة الناس. قال الجاحظ (*): مررت بمعلم صبيان وعنده عصا طويلة وعصا قصيرة وبوق وطبل وكرة وصولجان (عصا معقوفة الرأس) فقلت: ما هذه؟ فقال: ـ عندي صغار أوباش أقول لأحدهم: إقرأ لوحَكَ، فيصفِّر لي، فأضربه بالعصا القصيرة، فيتأخَّر فأضربه بالعصا الطويلة، فيفرّ من بين يديَّ، فأضع الكرة في الصولجان فأضربه فأشجّ رأسه (أجرحه وأسيِّل دمه) فيقوم إليَّ الصغار كلهمُ بالألواح، فأجعل الطبل في عنقي والبوق في فمي وأضرب الطبلَ وأنفخ في البوق، فيسمع أهل الدرب ذلك فيسارعون إليَّ ويخلصونني منهم...!! (ظرفاء العرب، الجزء الثاني، ص 20، دار ملفات).

(*) هو الجاحظ. قال: دخلت على مؤَدِبٍ ورأسه في حجر صبي، وفي أذنه خرقة معلَّقة، وكان المؤدِبُ أصلعَ والصبيُّ يكتب في رأسه ويمحوه بالخرقة، ثم يكتب مرَّة أخرى فقلت له: ماهذا الذي يصنع الصبي في رأسك؟ قال لي: يا فلان! هذا الصبي يتيم، وليس له لوح ولا ما يشتريه به، فأنا أعطيه رأسي، ويكتب فيه ابتغاء ثواب الله.

لماذا؟... لأن هذا التاريخ حجب الحقيقةَ عنهم لوعودٍ كاذبةٍ، أمّلَتهم براحة المقاعدِ على أرضٍ يمتلكها شعب يتكلّم لغته في وطنٍ مريح، حدوده واضحة الجغرافيا.

أوباش! لماذا؟ لمْ يولَدوا هكذا، وإنما صاروا أجيالاً متعاقبة ومتراكمة يتوارثون سوء التربية والخطإ، ويتسلّلون من معابر التاريخ القديم إلى عصرنا، يتكاثرون، متمردين، مشاغبين يعبرون على هامش الحضارات وينتشرون! يحملون فيروس الفوضى، ويتنطّحون للتغيير والتنظيم بالإكراه ـ تتلمذوا ـ وبالإرهاب يحلّون ويحلِّلون. علّمهم أستاذهم ولقّنهم الخطأ في الرسم والجغرافيا وترسّم الحدود، الواقع يدحض علم الرياضيات، علّمهم أن قوة الفرد الواحد تبني ثروة ومجتمعاً وليس الوطن هو ثروة جميع الأفراد.

هكذا حلّ معلم الأوباش فينا وأورثنا أجياله ومثلَهُ. تسلّل إلينا بعدّته وطرائقه فتلقّفتها الدول المسمّاة عظمى لتأديب شعوب الدول الضعيفة تحت عناوين (العصا الغليظه) بالإرهاب والبطش والتزوير فمسحت أمّة من أرضها وهجّرتها وأحلّت مكانها أمّة أخرى ورحنا نمدّ يدنا للاستعانةِ بها قريبةً أو بعيدة فنضربُ بسلاحنا ونسأل عن العزّةِ بعد مدِّ الأيدي إلى الخارج!

في غرفةٍ، ضاق المكان المرتجى
عاثوا فسادا، ما استطاعوا صبيةُ
حلّوا يلبّون الندا من شمعةٍ
شعّتْ، ترى هل تستبدّ العتمةُ؟
أستاذها، أدواته متعفِنه
من ظله ثقلت عليه ظلمةُ
مدّ العصا ليطال أعلى صرخةٍ
تعِبتْ عصاهُ ولم تولّ الصّرخةُ

لـيـعـلـم الـتـاريـخَ، كـذبـاً صـدّقـوا
ضـحـكـوا زمـانـاً ثـم عـادت ضـحـكـةُ
(هـرجٌ ومـرجٌ)[57] عـلاهُ فـي الـجـغـرافـيا
رسَـمَ الـحـدودَ ولـم تـرسّـمْ فـكـرةُ
شـغـبٌ تـفـشّـى، لا جـدار لـه ولا
هـدأتْ نـزاعـات وراعـتْ حـرمـةُ
فـي ذهـنـهـمْ، مـسـح الـزمـان مـكـانـه
قـامـتْ هـنـا أرض ومـاتـتْ أمـةُ
شـهـداؤهـا يـتـبـدّدونَ إهـانـةً
فعظامهم ضاعتْ وضاعت (تربةُ)[58]
أيـرسِّـمُ الأسـتـاذُ خـطـاً مـبـهَـمـاً؟
أيـرسّـمُ الـخـطُ وتـبـقـى الـقِـصـةُ؟
فـخـرائـط الـلـوحِ بـكـتْ فـي جـنـوبـهـا
وشـمـالـهـا مـتـسـيّـبُ ومـفـتَـتُ
أمـعـلِـمَ الأوبـاشِ قـلْ بـصـراحـةٍ
أدواؤك الـداءُ وتـبـقـى الـعِـلـةُ؟
هل ما تقوله في الحساب مطابَق؟[59]
وصـحـيـحـهُ تـعـنـى بـه الـنـظـريـةُ؟
هـل واحـد مـتـكـتِـف، مـتـفـرِد
هـو واحـد، هـو نـعـمـة، هـو ثـروةُ؟

(57) هرج ومرج: شغب.

(58) تربة: قبر.

(59) في التطبيق والواقع، على طريقة معلم الحساب: 1 + 1 يساوي 3.

ومـع الـذي مـا يـقـتـنـيـه ـ أمـمُ ـ
فــرد وفــردٌ لا تــصــحّ ثــلاثــةُ؟

غـلـط نـعَـلَـمُ من عـهـودٍ فـي الـورى
غــلــط تــؤدّى عــدّة وطــريــقــةُ؟
كــل الــمــنــاهــج غـرفـة فـي وطـنٍ
والـصـولـجـانُ[60] والـمـديـرُ الـغـرفـةُ
تـعِـبـتْ أيـاديـنـا تـمَـدُّ وتـضـرَبُ
مـن خـارجٍ عـزّتْ عـلـيـه الـصّـيـحـةُ![61]
فـعـصـاه مـن بـعـدٍ ومـن قـربٍ مـعـاً
وقعتْ، أصابتْ! أيـن تـبـقـى الـعِـزةُ؟[62]

(60) الصولجان: هنا العصا، الأسلوب، الوسيلة.
(61) عزت عليه الصيحة: كناية عن الخارج الذي يغار على مصلحة الداخل.
(62) لا مكان للعزة مع عصا البعيد والقريب.

إلامَ؟

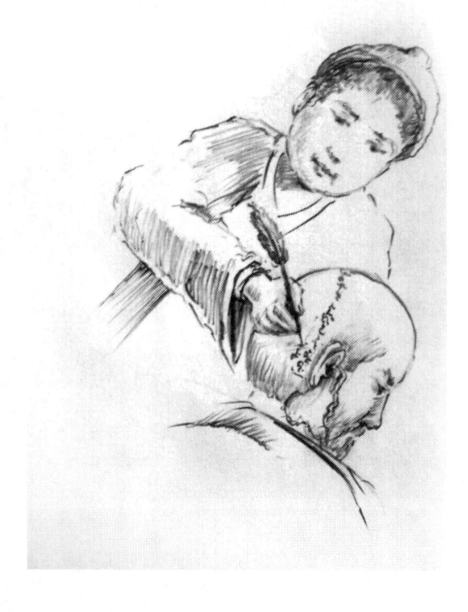

من صلعتِهِ!

سـلام مـنـك يـا عـمـرو بـن بـحـر[63]
سـلام لـلـمـؤَدبِ مـنـه عِـبْـرُ[64]
أفـي أصـل الـبَـلا؟ أم شـكـلِـه رحْـ
ـتَ تـنـوي كـاشـفـاً، مـا غـاب عـسـرُ
لأن الـيـسـرَ نـظـم حـلّ أمـراً
لـظـلـمٍ حـيـث سـاد، سـاد قـهـرُ
عـظـيـم مـا ذكـرتَ وأنـت تَـسْـخَـر
وأن الـحـرفَ غـايـة، فـيـه أمـرُ
وأن الـقـصـدَ مـن حـرفٍ كـتـبـهُ
ثـواب، لـيـس إلا، إلا عـهـرُ
فـلا تـقـصـدْهُ يـا صـاحـبْ وتـسـأل
ولا كـيـف الـسـبـيـلُ، وكـيـف عـمـرُ

(63) هو عمرو بن بحر، أبو عثمان الشهير بالجاحظ: 780 ـ 869 م كبير أئمة الأدب ورئيس فرقة الجاحظية من المعتزلة، مولده ووفاته في البصرة. فلج في آخر عمره وكان مشوه الخلقة. مات والكتاب على صدره، قتلته مجلدات من الكتب وقعت عليه. له تصانيف كثيرة منها: الحيوان، والبيان والتبيين، والتاج، والبخلاء، والنبي المتنبي إلخ. الزركلي: الأعلام 5/ 74

(64) عِبَر: اعتبار، حكمة، أو عبور للحقيقة.

فلا ممحاتهُ فعلتْ كثيراً
ولا من صلعتِهْ قد عمّ خيرُ!
لهذا الحَدِّ كان الظلم يسري؟
ظلاماً في زمانٍ عم فقرُ؟
زمان ولّى والترقيع أيضاً
زمان، إن فيه الحلوَ مرّ
إذا حنَّ[65] امرؤ أو رامَ خيراً
ترى؟ هل حلّ فَقْرُ حلّ أسرُ؟
مفاهيم أقيمتْ من عهودٍ
أمَّةٌ ترعى وما زال عصرُ!

(65) حنَّ: أشفق على.

في زنزانتي (66)

نُسَرّ، أفراداً كنا وجماعاتٍ بالسؤال عن أحوالِنا. والحال هنا تعني الصّنعة وحركة المنتج عنها، وسر الفرح في ذلك يكمن في اطمئنان النفس إلى مشاركة الآخرين في همومها...

نحزن في المقا بل، ونحنُ نُجَلّلُ بالسواد حين نسأل عما بنا!! وأكثر ما يُغيظنا ونحن ننزف آلاماً وجراحاً ويهزنا السائل ـ أعمى البصيرة ـ فيعمل تجريحاً وزيادة في (الطين بلّة) حين يتجاهل ما نحن فيه، فيكون كمن ينكأ جراحاً أو كمن يتشفى بمأساةٍ بلا مبالاته في الواقع، أو كخنزيرٍ بري لا يحس بآلام ولا يسمع آهاً

---

(66) مدح بشار بن برد الخليفة المهدي بحضور خاله يزيد بن منصور الحميري ولما انتهى من إلقاء قصيدته سأله يزيد:

ـ ما صناعتك أيها الشيخ؟

فأجاب بشار:

ـ أثقب اللؤلؤ.

فغضب المهدي وقال:

ـ ويحك! أتهزأ من خالي؟

فقال بشار:

ـ يا أمير المؤمنين ماذا يكون ردي على امرئ يراني شيخاً أعمى، أنشد الشعر، ويسألني: ما صناعتي!

فأعجب الخليفة من جواب بشار وأجزل صلته. (ظرفاء العرب، ج 2 ص 217).

85

من ديار. ليفرضْ كل امرىء منا أن العمى حل به، ويبادره سائل: ما صناعتك؟ سيقول للمستهترِ والمتجاهل والهازىء من عورته:

هكذا أنا، وأنت بِضالِعْ. !
إنما أعميتني، بمواضِعْ
أقسى وأكثر، مَن بِحوض جائع
أطفئتْ عيناي
كُبّلتْ يداي
حُطّمت قدماي
يا لَعيْنِ العَالَم!!!
تحظى بظلم الظالمِ
أثقب اللولو وأبدِعْ
وأنا أيضاً بِموْضِعْ
لا بِنورٍ لا بِمرجعْ
ألَم يهدِ ألَمي...
كلُّ من حولي سجينْ
لا يعلمني الصراحة
كاذبٌ لصٌّ لعينْ
أمتي ألفٌ وعاهَه...
ما ولدت ما رأيت النور بعدُ
ما عرفت أيّ خَلقٍ.
إن كان حِسّاً أو دبيباً أو حِراكا
أيّ من يحكي... أنا لا أحاكيه
أيّ من يشكو... أنا لا أسليه
أيّ من أنشَدْ وغنى... لا أغنيّ

أيّ من يندب ويبكي... لا أباكيه
أيُّ من ينهضْ ويحبو... سأجاريه
أوقفوا الظلمَ وبعدُ اسألوا!
عن صَنعةِ الأعمى يا سادة وارحلوا!!
أمتي ألفٌ وعاهه!
ليتها بنتُ لِطه![67]
عيبُ بشارٍ وجاهة
يتشاوف (يَتمسْخر)[68]لا يلين
في حضورٍ بذكاءٍ ونباهه
ليت شعبي يسخرُ
ليت شعبي يحضرُ
يتنفّسْ يشعرُ
يعشق وعيَ الهوى
بعنادٍ ووقاحة
في زنزانتي سجينٌ لا يغنّي[69]
أنا أغني وأنشد، هو لا يغنّي
لا يعرف أين هو؟ وما بهِ
أنا أعرف أحس بآلامِهِ
أذوق ما بنفسي فأرى أني ما وُلدتُ
لم أزل في ظلام الحوضِ ما حييتُ

(67) طه حسين، وجه الشبه بينه وبين بشار بن برد: العمى والعيش في الظلمة.
(68) يتمسخر: يسخر.
(69) لا يغنّي: هنا يحزن، (الشعب).

في زنزانتي سجين!
لا ينشدُ قصائدَ حبٍّ لوطنٍ لا يعرفهُ
أنا توأمه، في الزمان والمكانْ
قدرُهُ مع العميانْ
شريكه في القهر والحرمانْ
في زنزانتي سجين!
مختَصَرٌ في شعبٍ أمين
لا يقول الآنَ: لا
لِسلطانٍ لعينْ!

منْ سبّبَ القولَنجَ؟[70]

من ينهض في وجه الإسرائيلي، ويعترض أحلامه فهو كائن بشعٌ في (خَلقَةٍ) كريهةٍ يتصوّره ابن الدولة العبرية متأثراً بقناعةٍ ورؤيا تسعيان لتحطيم العربي وتدميرهِ نفسياً، يتناولُ جرعاتٍ وحُقناً صهيونية تقوم على تعبئةِ المجتمع بنظرية (شعب الله الخاص) ودعوة تلمودية تجيز له إبادة أي عرقٍ أو جنس، فينذِر عدوّه بشنّ حروبٍ تجر ويلاتٍ وتحدث فِتناً، يأخذ الضوء الأخضر من راعي المجتمع الدولي أو من الدولة العظمى التي تعولم الكون بالهجوم المبرّر وتحصّنه بغطاءٍ دولي.

فإذا حدث أن ووجِه بممانعةٍ أو تصدٍّ أو مقاومةٍ، أو جوبِه باستنفار الخصمِ، كأنْ يجمعَ هذا الأخير عدّته وسهامه لمقاومة ما كشف العدوان عن (دبُرِهِ) وأعلن عن سلحِ ما خَزِنَهُ من حقدٍ وتهديدٍ ووعيد، مما يوقف الواعِدَ بالعدوان عند حدّه و يُلجِمه، فيضربه القولَنجُ! حجةً! ويرتدِعُ عنوة ويخرج للملأ وراعي العدوان بأعذار واهيةٍ تغطّي خوفَه.... مَثلهُ كمثَلِ أشعَبَ[71] الذي يوازي الدولة

(70) القولنج: مرض معوي مؤلم يصعبُ معه إخراجُ البراز والريح.

(71) دخل أشعب (يضربُ المثل بطمعه: في القصيدة هنا شبَهٌ لطمع الدولة العبرية وعدوانها على العرب، بطمع أشعب وعدوانه على الأعرابي) أشعب هذا! =

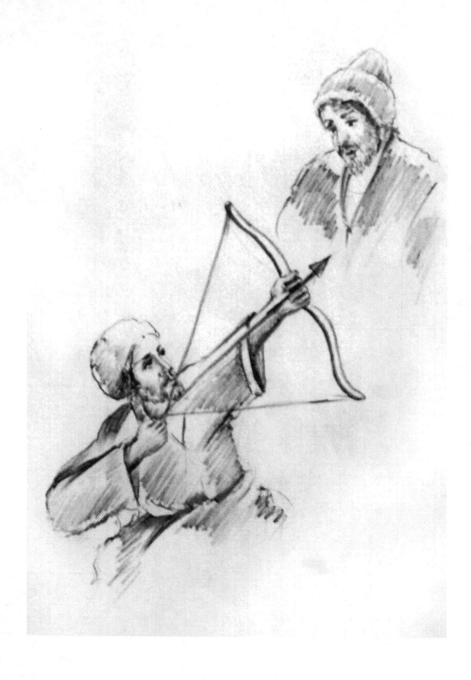

90

العبرية في إهاناتِها لشعبنا، ونحن: كالأعرابي القبيحِ المنظَرِ في وجه العدوان! وما الدولة العظمى إلا أحدُ وجهاء المدينة الذي قصدَه أشعَبُ!

كُتِبَ العدا، قهراً وسَلْحاً مُبتَدا
وعلى كِنيسِهِمُ كَذا، وتمهّدَ
تعوي ذِئابٌ، ثم ترصدُ أمةٌ
أصواتَها، زهرُ «نبات»، نَدّدَ
عدوانها، لا ينتهي، طيَرانها
جِيَفٌ برازٌ في سمانا قدْ بَدا
طيرُ السنونو لفّ مع أسرابه
يشكو الإهانة قال همساً ردّدَ
حُلمَ العصافيرِ التي نامت على
أغصانها تبكي الربيعَ الواعِدَ

= دخل على أحد وجهاء المدينة وعنده أعرابي قبيح المنظر، فسبّح أشعب حين رآه...
وقال للوجيه:
ـ أتأذن لي أن أسلح عليه؟ (أسلح: أقضي حاجتي، والسلح: هو الخرء).
ـ فقال الأعرابي:
ـ كما تريد!
وبسرعة أحضر قوسه وسهمه وصوّب قائلاً:
ـ واللهِ لئن فعلتَ لتكوننّ آخر سلحةٍ لك.
فقال أشعب للوجيه:
ـ جُعِلتُ فِداك قد أخذَني القولنج!! (ظرفاء العرب، ج 2 ص 117، دار ملفات).

لـم تـدخـلِ الأوكـارَ خـوفـاً مـن أذى
ضَـجٍّ وطـبـلٍ فـوق صـمـتٍ صُـعَّـدَ
يُـنـذِر بـحـربٍ لـلـطـيـورِ الـحـالِـمَـة
مـاذا تـريـد[72]؟ هـل دمـوعـاً جـامِـدَه
هـذا الـضـجـيـجُ الـقـادِمُ مـاذا يَـعِـدْ
مـا زال يـقـرَعُ فـي الـطـبـولِ مـعـربِـدا
زهـرُ الأقـاحـي لـن يـردّ بـوجـهِـهِ
سَـيـحـيـلـهُ لـلـتـربِ يُـنـبِـتُ مـارِدا
وروائـحُ الـبـارود لـن يُـمـزَج بـهـا
عَـبَـقٌ، سَـيـبـقـى لـلـجِـبـاهِ مُـعـاهِـدا
عِـطـراً مُـحَـلّـى مـن جـبـاهٍ حـرّةٍ
مـن لـونـهـا مـن عَـرقِـهـا قـد مُـدِّدَ
هـذي الـجِـبـاه كـم تـردُّ إهـانـةً
وبـشـاعـةً، وخِـيـانـةً وتَـرَدُّدَ
بـشَـرٌ، نـبـاتٌ، حـبّـة مـن تُـربِـنـا
حـتـى الـبـعـيـرُ[73] تـودّدَ وتـقـيّـدَ
بالصَرخةِ الكبرى؟ (عَليْهم يا عَرَبْ)؟
كَـذِبٌ مـضـى! راحَ دمٌ فـتـجـدّدَ
عـهـدٌ وجـمـعٌ مـن مـزيـجِ لـيـتَـهُ
كـان الـتـكـامـلُ مع يـسـارٍ حَـدّدَ
خَـطَـواتِـهِ، ضَـرَبـاتِـهِ، كـانـت عَـمـى
وَجَـعـاً لِـحـوتٍ فـي حـشـاه تَـمـدّدَ

(72) ماذا تريد الحربُ.

(73) لا أقول: حتى الحمار (تخفيفاً).

مـــا سَــبّــبَ الــقــولَــنْــجَ إلاّ مـــاردُ
يـجـمـع هـنـا قـوساًوسـهـمـاً صـامِـدا
يَـجْـمـع سـنـونـو مـع عـصـافـيـرَ أتَـتْ
تـشـكـو عـواءَ الـذئـبِ فَـرْخـاً قـاصِـدا
والأرضُ نـــادتْ لـلـســنـابِـلِ والــوَرى
هـبّـوا اسـمـعـوا مـن عَـرْبَـدَ مـن هَـدّدَ
عـــدوانــهُ وعـــدٌ لـــنـــا بـــإهـــانَـــةٍ
جـــار لـــنـــا، وعـــدٌ لـــه قـــد سُـــدِّدَ
ريـــحٌ، ومــغْــصٌ ســدَّ فـــي أحــشــائــهِ
أشـعـب تُـراه بـالـمـصـيـرِ تـرَدّدَ؟؟[74]
مـن سـبّـبَ الـقـولـنـجَ لـيـس بـمـعـتَـدٍ!
بـــارِكْ لـــهُ عِـــزّاً!! تـــصـــدّى وعـــيَّـــدَ![75]

(74) تردّ: تكرر مصيره في العدو.

(75) المقاوِم تصدى وسبّبَ القولنجَ وعيّدَ.

فارق في الفرج(*)

يتعلم حكامنا من بخلاء الجاحظ[76] ما ينفخ جيوبهم ويزيد من ثرواتهم وينعم على بطانتهم بالرفاه والجاه، وعلى محكوميهم، بالشحّ والعوَزِ والفقر. وعن الجاحظ بالذات، يأخذون الحكمةَ في الحكم والسلطان، وكل ما يؤَدي إلى التدرّجِ صعوداً في الزعامة والتوسّع في الأزمات، حيث في القمة والرأس هناك، يَرى الحاكم الفرج ولا يُرى، يسمع موسيقى الحرس وأبواقَ خاصّته ولا يسمعني أقول له:

جئت الوزارة[77] صاعداً أوّل درجْ
خلِّ بربكَ لقمةً مما خَرَجْ

(*) نُظمت في: 18/ 4/ 2008 م.

(76) سأل أحدهم الجاحظ عن حاله، فقال له الجاحظ: سألتني عن الجملة،فاسمعها مني واحداً واحداً: حالي أن الوزير يتكلم برأيي، وينفذ أمري ويواتر(واتر الأشياء: تابعها) الخليفة الصِلاتِ (الصلات ج الصلة، وهي العطيَّة أو الإحسان) إليَّ، وآكل من لحم الطير أسمنها، وألبس من الثياب ألينَها، وأجلس على اللين الطري،وأتَّكىء على هذا الريش، ثم أصبر على هذه حتى يأتي الله بالفرج! فقال له الرجل:
ـ الفرج ما أنت فيه! قال: ـ بل أحب أن تكون الخلافة إليَّ، ويعمل محمد بن عبد الملك بأمري، ويختلف إليَّ (يعني: يتردد إليَّ) فهذا هو الفرج! (ظرفاء العرب، ج 2، ص 22، دار ملفَّات).

(77) وزارة المال.

للجائع، للشاردِ، للحالِم
في وجبةٍ، فيها فُتاتُ ما كَرَجْ
كنتَ حليماً[78] في رئاسةِ مجلسٍ
أنت بها، طال الزمان ولا حرجْ
رُحْ حاكمي، سَلْ جاحظاً في عيشهِ
في خبزِهِ، لا جاحظاً فوق الهرَج
يبقى سؤال عندنا: أين الفرج؟
هلاّ سألتَ حاكمي!! هلاّ نضَجْ؟[79]

(78) كنت تحلم.

(79) فوق الهرج: يقال فلان فوق الهرج والمرج: أي يمتطي المتعة والبهجة.

نداعبها ونذبحها[80]

أن تنهى عن خُلقٍ وتأتيَ مثله، أن تلحَّ وتسعى للطعام وتدّعي الصّبر عليه والإشباع، أن تسفِّه قوماً أو جماعةً أو أمة لعادة سوءٍ ناتجة عن فقر أو حاجة وأنت دارجٌ على هذه السيئة، وغارق من

(80) قال الشيباني: كانت بالعراق قينة، وكان أبونواس يختلف إليها، فتظهِر له أنها لا تحب غيره. وكان كلما جاءها، وجد فتى يجلس عندها ويتحدث إليها، فقال فيها:

ومظهرَةٍ لخَلقِ اللهِ وُداً ... وتلقي بالتحيَّة والسلام
أتيت فؤادها أشكو إليه ... فلم أخلص إليه من الزحام
فيا من ليس يكفيها خليلٌ ... ولا ألفا خليلٍ كل عام
أراكِ بقيَّةً من قوم موسى ... فهم لا يصبرون على طعامِ

(الشعر والشعراء، 2/ 820).

قمة رأسك إلى أخمص قدميك في المجون والخلاعة. هذه وتلك، مصيبة الشعراء والأجيال من قبْل أبي نواس وبَعده وإهانة للرأي وقبول الآخر في عصرنا الحاضر. أليس ذلك صحيحاً يا أبا نواس؟ أدعوك لحوارٍ صريح يربط بين ما ضٍ وحاضر، متشابهين في الوضعية والواقع، متشابهين في شتيمة الإنسان لأخيه، وكلاهما غارقان في المذلة والإهانة!!...

لماذا اللومُ؟ للشرب وْمدامِ! ومن نِسْوَه كأنك في انعدامِ؟
فهل أنت وحكامي سواء ملاك الرحمة الهادي أمامي؟
أبا النواس أنت اليوم ضيفٌ على زمنٍ جديرٍ بالسلام[81]
تحيّيك القيانُ العائماتُ بثرواتِ مقاماتِ النظامِ
سلاماً[82] فيه ذل، وامتهانُ كراماتِ العصور من الأنامِ
تساءَلْ!عن هويّاتِ الجواري تساءَل! عن طعامٍ عن صيامِ
هي الحاجة تساكِنها بيوت دعارى من عذارى، من فطامِ
أنا أدعوك كي ننعم سويّاً بخيراتِ الحلال من الحرامِ
حواراً بيننا نبنيه علماً بياناً لقناعاتِ ظِلامِ
هو النور المحلّى من نساءٍ وفاءُ الحقِ، في غير الكلامِ
كلاماً قلته يا عيبَ شؤمٍ مزجْتَ هواك في دِينٍ وْغرامِ
ورحتَ تسفِّهْ أقوامَ موسى (أهم لا يصبرون على طعام)؟
هو الجوع المكفِر ياعزيزي يدمّرُ صبراً جميلاً في الخيامِ
تغنِّيهِ الطوائف في القصور تغنِّيهِ مغنِّيةُ الشآمِ[83]
وبيروت تُغنيّ كفرَها جو ع غانيةٍ، على ريش النعامِ

---

(81) السلام: التحية.

(82) سلاماً: أي تحييكَ القيان سلاما.

(83) الشآمِ: هنا مغنية شآم اليوم، شآم العصر.

فحين طعامها بغْيٌ وكفرُ ... لماذا ترومَهُ بين الزحامِ؟
تفضّلْ! خذْ مكانك أنّى شئتَ ... فأنت اليوم في عزّ المقامِ
كما كنتَ، كما كانت شعوبُ ... وبيروتُ كذا من ألف عامِ
تراها في بغاءٍ (باحتشامٍ)! ... سرى عدلاً وفقراً باستدامِ
سرى في كل طائفةٍ وجنسٍ ... سرى عهراً وفَحشاً بانتظامِ
فوالـلـهِ، فوالـلـهِ حرامٌ ... تلومُ الجاريةَ أيَّ ملامِ
فوالله، قيان اللهُ ظلماً ... نداعبها كما فرخِ الحمامِ
نداعبها، ونذبحها أخيراً ... لنشكو عسر هضمٍ من عظامِ...

جارةُ الحسنِ[84]

كما يقبِّلُ الحجرَ الأسود، استأذنها كي يقبلَها بعد أن قلَّبَها وداس على كرامتها وعلى الحسنِ مسكنها، وعلى وجهها المصباحِ الكاشفِ عوراتِ جوارها وقاصديها. لكنّ صحوة منها تصدُّهُ بوعد الله، تدينه من فمه ومن إيمانه الكاذب تعاقبه، لأن المتعة بجمالها لن يصل إليها بالسهولة التي يريدها، كما الحجر الأسود لن يبلغه إلا المؤمن بعد عذابات النفس وشقائها. حرَمُها هذا يبلغه بحلالٍ وليس بالرق والنخاسة.

مكانُ المرأة ليس في بؤرة هذه السوق. وجمالها مسكنٌ حرٌّ لها، لا يبيتُ فيه جَوْرُ جوار ولا ذكْر تاريخه عار، حمَلَتْهُ على ظهرها عهوداً، أحرى به أن ينزل هذا الذَكَرُ وأن تصيرَ هي إلى قيادته للمكان المناسب فيستويان معاً، لزمانٍ معاً يمزّقان وثائق الرقِّ

---

(84) جارية الجاحظ، سمَّيتها جارة الحسنِ، لأنها تسكن الحسن وقربَهُ... تَراهُ ولا تملكه، رأى الجاحظ جاريةً في سوق النخاسين ببغدادُ يُنَادَى عليها فاقترب منها وأخذَ يقلّبها ثم قال لها: ما اسمكِ؟ قالت: مكة.

ـ ألله أكبر، قد قربُ الحجُّ، أتأذنين أن أقبِّلَ الحجرَ الأسود؟ قالت:

ـ إليك عني ألم تسمعِ اللهَ يقول: (لم تكونوا بالِغيه إلاّ بشَقِّ الأنفسِ) سورة النحل. (ظرفاء العرب، ج 2، ص 14).

والعبوديّة. . . وقد صارت هذه النَقْلة في بعضٍ من كوكبنا العجيب ونشهَدُ إنجازَها وخيرَها.

يحضرني السؤالُ المرُّ: إلامَ: نُصِرُّ في مشارقنا على أسواق النخاسة؟[85]

جارةُ الحسنِ رماها قدَرُ ... ليتها من حسنها تأتمِرُ
يسكنُ النخاس، تحلو قربه ... ما تحلّى واستقرّ العمرُ
هي ذي الروح به[86] جاه معاً ... ساقه ساقٌ نضير ناضِرُ
قدَمٌ حافٍ وفخذٌ من ندى ... تتلوّى ركُبةٌ لا تظهَرُ
حمل الجاحظ وقبّلَ ما بدا ... مستبيحاً ما يشمّ، يغمرُ
وجهها المصباحَ يبدو كاشِفاً ... عورةَ السوقِ القبيحِ يسفِرُ
يمنةً أو يسرة ترنو عينها ... كُبِّلَ النورُ، وقلب يبصرُ
ما لنهديها وللشكوى إذن ... جفّ ما تحوي وضاع المدْرَرُ
إن سألْها سائلٌ قالت له ... لا تسلْ مكّيةً لا تجهَرُ
عن معانٍ أنت من بعدٍ لها ... كافِر زنديقُ، فظّ حجرُ
قربُ الحجُّ؟ المؤدّي للحجر ... قدسات! قبلات! تمطَرُ
قبّلَ الجاحظ منها وارتوى ... مرتعٌ لِلَذّةٍ ينتظِرُ
متعةٌ إكليلها شوكٌ نما ... دربها زينٌ ومرّ يعبرُ
متعةٌ كانت في حجٍّ أو، زنى ... إن هي إلا شقاء معسِرُ
مستمرّ في ثنايا أمّةٍ ... يعبر الأجيالَ حكماً، قاهرُ
من جوارٍ؟ قادِم فيْروسه؟ ... ما استحى الزاني العروب العاهر؟
حيثما باع الحريمَ واشترى ... حيثما حلّ وعربدَ ماهرُ

---

(85) تجارة الرقيق.

(86) الهاء للنخاس.

إنـمـا أحـرى بـه أن يـنـزلَ ... ملّتِ الحسناء مُنه، الفاجِرُ
سلعةً كانت وتبقى سلعةً ... في دُنى الأعرابِ أنثى تغدَرُ
حكمةً فاهت بها جاريةٌ ... يا شباباً! هل لها معتبِرُ؟
جارةً للحسن قد سمّيتها ... علّها يوماً تصيرُ تأمرُ
ما تعفّنَ، من تعدّى، من رأى ... ثورةَ الذَكْرِ بعيراً يزأرُ
علها يوماً تقودُ أمةً ... تنسف الظلمَ، كغَربٍ تثأرُ[87]

(87) تثأر مثل عالم الغرب.

قالها السجَّان(*)

قُمْ حرِّكِ اللّيلَ وغامِرْ،
لم يعدِ الجدار يحتمِل، بالآهاتِ
بالحركاتِ، وبالنظَراتِ.
لم يعدِ السجنُ منكَ ومني، بقادِرْ
مَلَّ من وخْزِ عينيك، وتعبَتْ
حُجرَته من ثِقلِ يديكَ ورجليكَ،
وخارَ عزمُ الليلِ خوفاً منكَ
فخرَّ ساجداً أمام قدَميكَ
يستغيثُ الفجرَ ليقولَ لكَ
أنتَ مؤامِرْ!
أما الصبحُ (المرتاحُ) منكَ
يستقبلكَ ويُجاهِرْ
يفضحُ سرّكَ، يروي عنكَ الأخبار
يروي وهْوَ مُرهَق والنوادِرْ
تعِبتْ منكَ الأحياءُ والأمواتُ والأشياءُ
تعِبَ الليلُ والفجرُ، والجدارُ والدوائرْ

(*) المناسبة: عودة الأسرى والجثامين من السجون الإسرائيلية، كانون الثاني، 2004.

أنت قاهر للكلِ وماهِرْ
قالها سجَّانُ حيفا والعساكِرْ
خوفي، أن تعودَ، خوفي أن تُحركَ الأشياءَ
إن أفلتَّ من يدَيَّ.
لا أقولُ حُرّرْتَ أو هربتَ
هذهِ المفرداتُ لا أحبُّ أن استعملَها!
أخافُ منها، وخوفيَ العظيمُ منكَ أنتَ
أين كنتَ وأنَّى أَقمتَ في ديارك
حيث الظلمُ أظلَمُ، والعهرُ أعهرُ
والقهرُ أقهرُ!
خوفي أن تعودَ إليّ، لسببِ سجّانكم الأكثرَ عسفاً
وللرّحماتِ الأكثرَ نسفاً...!
إنكَ أنت للحسناتِ ناكِرْ
أنت القاهِرُ للنومِ والعساكِرْ
ضاق ذرعاً منكَ صدري
ضاقتِ العتمةُ في أسرٍ وَماكِرْ
قُمْ حَرّكِ الليلَ وغامِرْ
مرّةً أخرى وغادِرْ!
ردَّدَ السجَّانُ: رُحْ رُحْ
حيثُ حلوُ اللفظِ نادِرْ
نحن[88] قسَّمنا سماءً
فيها ليل لا منائرْ

(88) الإسرائيليون.

عتمة في الأرضِ أيضاً
فيها أسرى كالمقابِر
عَدْلنا في الظلِ ظلمٌ
فلْنَرَ ما في الدوائر[89]
عندكم[90] محضُ ادِّعاء
ثرثرات في المنابِر
سترى ظُلمَ ذوي القرْبى
مضاضاً كالخناجِر
سترى حزناً مُطَوَّى
ينتصِبْ فوق السرائر[91]
كم يُخَبِّىء في ردائِه
انسجاتٍ وضرائرْ
لا تناديهِ كثيراً
من عيون أو حناجِر
يتوزَّع يتنوَّع
في ربوع وشوادِر
ومع الحزنِ نزيفٌ
من قلوبٍ وخناصِرْ
كلها تهفو إليكَ
أنَّى تطلبها تُبادِر
كنتَ في همٍّ فريدٍ

(89) اللبنانية.

(90) في لبنان.

(91) سرائر الأطفال.

ما لكَ تبغي المغاوِر
هل تناسَيْتَ لصوصاً
أحرقوا كلَّ الأزاهِر
سوف تبكي مع رياحين
الحقولِ والحرائر
حتى جرح الشمس يأتي
بين أهْليكَ زائِر
إنْ تَخَفَّى عنكَ شيْء
لا يتورّع أن يُجاهِر
عُدْ إلى السجنِ المؤَبَّد
عودَةً أنقى لِثائر
قالها سجَّانُ حيفا!
هكذا كلُّ العَساكِرْ...

106

قراقوشُ[92]... الآن أيضاً

عبر بريد الموت، أكتب إليه، أستحضره. . .! إلى بهاء الدين، لا لشيء إلا للاعتذار من ذاكرة التاريخ المعفن المنسي، للاعتذار. . عن هذا التأخير اللاإرادي في التواصل التام معه. . . لا أنكأ الجرحَ لأنه مستمرّ في النزفِ. . .! أحيي وأحيّي الرميمَ والرفات في متاحف الذاكرة. . أقف وِقفة الساحر العجيب! أحضر

(92) قراقوش: هو بهاء الدين بن عبد الله الأسدي، 597 هـ ـ 1201 م نشأ في خدمة السلطان صلاح الدين الأيوبي. وناب عنه بالعمران. وهو الذي بنى السور المحيط بالقاهرة، وبنى قلعة الجبل، وبنى القناطر التي بالجيزة على طريق الأهرام. ولما أخذ صلاح الدين مدينة (عكا) من الفرنج ولاّه عليها، ثم لما عادوا واستولوا عليها أسروه، فأفتكه صلاح الدين بعشرة آلاف دينار وفرح به فرحاً عظيماً.
وتوفي في القاهرة، الزركلي: \الأعلام، 5/ 193.
ـ تُنسَبُ إلى قراقوش أحكام عجيبة في ولايته منها: (قتَلَ سائس أحصنته رجلاً فأمر قراقوش بشنقه، فقيل له:
ـ إنه حدّادك، وينعل لك الفرس، فإن شنقته خسرته ولم تجد غيره.
فنظر قراقوش ناحيةَ بابه، فوجد رجلاً قُفّاصاً فقال:
ـ ليس لنا بهذا القفّاص حاجة!.
فلما أتوه به، قال:
ـ اشنقوا القفاص، واتركوا السائس لكي ينعل لنا الفرس.! ظرفاء العرب، ج 2، ص 75، دار ملفا ت.

الروح!! أيّ روحٍ غيرِ روحه الدائرة فوق تخوم عكا وحيفا ورام الله وغزّة. أستحضره، ليشهدَ في عصر العولمة إعدام الأبرياء وشنق الشعوب بالجملة والمفرّق. أستحضره لأنه كان قد بنى أجزاء سور حول القاهرة، وعلى جبروته، لم يرشق غزّة بوردة! خلافَ أخلافهِ المعاصرين الذين سدّوا المعابرَ عنها لتموت الحياة فيها جملةً في كونها، وتفصيلاً: يعلّقُ البلحُ فوق نخيلهِ يباساً مشنوقاً! أستحضره في عصر الصهاينة إلى عكا وحيفا ورام الله ليشهدَ جملةَ الموت في ظلم الفصل بين الشعوب بإقامة جدار الجوع والعزل ليحجب نور الحقيقه وموت العيون لرؤية القدس الشريف أستحضره، ليشهد في جنوب لبنان أخلافه المعاصرين هناك كيف انقلبت آية الدهر عليهم فولّدَ العجب بأعجوبة المقاومة وكيف هَوَتْ أعواد المشانق لتلفَّ حبالها أعناقَ طغاة العصر. كيف لا أذكره قراقوش وهو الذي خبر من فرنجة عصره العدل! المعدّلَ منه... هو الذي حكم وحاكَمَ وفوضه صلاح الدين الأيوبي أحوال الأمصار والقاهرة التجربة عينها تتكرّرُ... الزمان والشكوى. تحكي الأرض قصّته وأسطورته تبكيه سماء المقدسات، ينحني أمامه أهل الحكم وفرنجة العصر يقلدونه ويظلمون كظلمه....! وكما فوّض صلاح الدين قراقوش على عكا وحيفا والقاهرة، ولّى الغرب عليها حديثاً دولةً ظالمة!

دولة كالسائس لحصانه، دولة تقتل وتدمر وتشنق البريء عوضاً عن القاتل.!

إفـرحْ بـهـاءَ الـديـن، أنـت عَـهـدُهُ
لا مـعـبـراً سـدّيـتَـهُ أم شـبـهُـهُ

غـزّه، تـمـوت الـيـومَ مـن جـيـرانِـهـا
هـل كـنـت أقـسـى حـاكـمٍ شـيّـدْتَـهُ؟[93] . .
يـا مـن شـكـا مـنـه الـظـلامُ ظـلـمَـهُ
هـذا بـهـاء الـديـن هـذا حُـكـمـهُ
لا فـرق فـي الأحـكـام، أعـمـى والـعـصـا
مـن يـبـتـلـي خـبـطـاً بـهـا. . . يـا ويـلَـهُ
لا فـرق فـي الأوطـان هـذي أرضـهُ
عـكـا وحـيـفـا الـيـوم. . . تـحـذو حـذوَهُ
رام الـلـه تـبـكـي الاحـتـلال جـاثِـمـاً
تـبـكـي صـلاح الـديـن، تـبـكـي سـيـفَـهُ
بـالأمـسِ ولاّهـا عـصـا مـن حـاكِـمٍ
أعـمـى يـدوسُ الـقـدس واعٍ رشـدُهُ
إنـي قـراقـوشُ يـقـول واثـقـاً
لا يـفـتـقـدنـي الـغـربُ أيـضـاً ظـلـمـهُ
سـوف يـولـيّ الـغـربُ عـنـي سـائـسـاً
إرهـابـه لا قـبـلـهُ، لا بَـعـدَهُ
سـوف يـولّـي الـغـربُ بـعـدي دولـة[94]
إرهـابـهـا مِـثـلـي وهْـيَ مـثـلـهُ[95]
تـذبَـحْ، تُـدَمِّـر، تـسـتـبـيـحُ أرضَـهـم
عُـربـاً، كـقـفّـاصٍ لـمـاذا عـيـشـهُ؟

---

(93) للمعبّر.

(94) دولة إسرائيل.

(95) مثل الغرب.

ينأى بي التاريخُ حكماً مبرماً
عهدي أنا عدل يساوي جَوْرَهُ!
إني بهاء الدين أين بالكم
هل تذكرون ما جرى ما قلتهُ؟
ردتْ يتامى بيت لحم تشتكي
فرق الجدار عند نا لا عندهُ
فرق تنَطّحَهُ النسيم عاجزاً
أنْ يعتليهِ السروُ أو أفنانهُ...
تذبحْ، تدمّرْ، ما تشاءُ دولة
والراعي يغفو همّهُ أو عينهُ!
والعرْبُ إن شرّدْ تهم من أرضهم،
حكامهم أنذالُ، والنّذل صونهُ
أهنَأ لهم[96] صهيونُ مع أسيادِه،
أوصى قراقوشُ ودامَ فضلهُ!
والدولةُ العبريةُ، حُبلىَ بهِمْ
أعوانها: حذّاءُ أو أنعَالهُ!
ما أوسعَ الإيمانَ في أوساطِنا
لكنّ عزماً! حبّذا لو بعضهُ!
يا طاغيَ العصرِ الحديثِ اهتدِ
ما حُلِّلَ الإعدامُ أو عُدوانهُ
ما حُللَ العدوانُ يوماً ههنا
إن لم يكُ قهرٌ يغطّي شنقَهُ

---

(96) يرتاح ويهنأ حاكم صهيون وأسياده لحاكمِ عربيٍ نذل.

أسـوارُ عـكـا عـادتِ الـفـرقـة بـهـا
قـلـبـاً تُـمَـزِق بـالـقـواطـعِ نـصـفَـهُ
رُدّي جِـبـاهُ![97] مـا عَـلـوتِ أدهـراً
صـلّـي صـلاةَ الـفـصـلِ، ردّي كُـفـرَهُ
مُـرّي عـلـى لـبـنـانَ يـعـرف حـدّهُ[98]
أيـن الـجـدار[99]: مـكـانـهُ وزمـانـهُ
يـبـنـي جـداراً فـوق أرض أمـةٍ
يـأتـي جـنـوبـاً، لاجـنـونـاً حُـكـمـهُ[100]
يـا حـبّـذا لـو يـد نـو مـنـا سـائـلاً
مـن قـاضـى حُـمـقـاً واسـتـهـانَ عـقـلـهُ
مـن كـان أعـوجَ فـي ثـنـايـا شَـرعِـهِ
يـمـضـي زمـانـاً لا يُـسـائـل قـومَـهُ
عـن قُـدسِـهِ دانـتْ لـه مـن أعـصـرٍ
فـي كـل لـحـظـه الآنَ يـحـلـو[101] حُـمـقـهُ
قـتـلُ الـبـريءِ لـم يـعـدْ مـسـتـهـجَـنـاً
لـمّـا يُـمـيـتُ مـوتَـه إرهـابُـهُ!

---

(97) جِباه التصدي والمقاومة.

(98) يضع حداً للظلم والعدوان.

(99) جدار: جدار الخوف الذي يرهب الأعداء.

(100) يعرف كيف ينفذ الأحكام في العدو جنوباً.

(101) يُشتَهى حُمقه من الحكام المعاصرين.

هتاف..... بالعامّيَة[102]

أجوبة المسؤولين في الحكم ووزارة الزراعة، عن شكاوى الفلاحين والمزارعين، من أمراض المواسم، جرّاء الحشرات والفئران والجرذان، التي تفتك بها، وتزاحم المزارعين على لقمة عيشهم. أجوبة المسؤولين عن الصراخ والمطالب بإرشاد (قراقوشيّ) ومماطلة بتلبية الحاجات، وتسويف بالوعود، وإهمال لقطاع خير الأرض. أجوبة سلبية متجاهلة، وردود حمقاء، بعد تراكم أزمات عيشٍ مريرٍ، تحملك على الظن بأننا نعيش أسوأ من زمن قراقوش وأحكامه، وويلات مواقفه.

---

(102) حُكي أن جماعة من الفلاحين جاؤوا إلى قراقوش، وشكوا إليه من خراج القطن، وقالوا له:

ـ يا مولانا السلطان، البرد شوّش على القطن (أي: كثفَ وتلبد عليه) هذه السنة، وأنت تفرج عنا وتسامحنا من بعض المال.

فكان من جوابه لهم بعد سكوت طويل:

ـ لأي شيء أسامح في بعض المال؟ لما رأيتم البرد اشتد، كان عليكم أن تزرعوا مع القطن صوفاً لأجل ما يدَفّيه! ولكنكم استهنتم بالحكومة وبالزراعة، ولم تفتحوا أعينكم لخدمة أستاذكم. أين السيّاف ليضرب أعناق الجميع؟. فلم يقدر أحد من جلسائه أن ينقم عليه ذلك.

ظرفاء العرب، الجزء الأول، ص86، دار ملفات.

وإذا كانت عامّية أنطلياس[103] بدوافعها وأسبابها جاءت نتيجة هذا الكَمّ العجيب من الإهمال التاريخي، فإني أسمع من أفواه عامة بلدي وفلاحيه خصوصاً، صراخاً ليس إلا امتداداً لحركات سابقة، واحتجاجاً على وصفات حديثة مماثلة لأحكام قراقوش... وإذا كانت كوارث الطبيعة من ثلوج وجليد وموجات حشرات وفئران قد عولجت من قِبَلِ قراقوش (بتدفِئة القطن بالصوف) فلا غرابة في المقابل أن نسمع من نوادر المزارعين، عن المسؤولين في بلادنا، كيف ترجموا حديثاً خرافاتِ الأقدمين وإبادتهم للفئران، بإشعال النار والدخان على فوهات أوكارها. وأطلّوا على صيحاتِ المزارعين (المشاغبين) من نوافذهم يلوّحون لهم بإرشاداتهم العقيمة، مع تهديد ووعيد لهم بعقوبات السجن، لسبب إزعاج السائحين وتخريب الأمن.!!!

من عامّية أنطلياس
جاء ردّ وإحساس
لا ينام صوت الأرض
يَدوي، يا حُكمَ الأنجاس!
لا تزال القضيّة
في أفواهِ العاميّة
(من الزنّار وبالنازِل)[104]
لا! لظلم الرعيّة...
فلاحْ، وأرض، ومنكوش
كلّه معَطّلْ، والشاكوش

(103) عامية أنطلياس: حركة فلاحية لبنانية، قادها طانيوس شاهين.
(104) من الزنّار وبالنّازل: سباب من العيار الثقيل.

والعامل جوعان كْتير
متلْ أيام قراقوشْ
في ديوان الوزارة
قصة عمال وْفارة
من عكار ومرجعيون
بْعَلبَكْ، جرْد، ومختاره
دَوّى، صوت الجوعانين
شبْ، وبنتْ، وختياره
من وْلاد الفلاّحين
وفد الضيعَه والحارَة
كِيف تلاقوا متل الريح
جْليد وبْرد وقرّارَه
الجوع الكافر لا تسألْ
كانْ أسرَعْ من طيّاره!
زَرْعولْنا قمح تشارين
أنْبَتْ، فَرّخْ البْدارَه
يا حَظّه! بَعد كوانين
جَلّدْ من بَعْد الغارَه
غارة تَلج تبَكّي الزَرْع
راح الصوف، والأسوارَه
داب التلج وْمَصّ العود
يا حسرة موسم بارَه
قامتْ الصرخة تتشَكىّ
للأطرش بالوزارَه

عَلّه الديوان يْوَدّي
سِلفِه للزارِع دارَا
يا بختو[105] وَعْدُ للصيف
وَعْدْ القطن بْحَراره[106]
عَلّلْ نفسه بموسِم عزّ
سقاية، نكش وشْطارَه
يفرح ويغنّي موال
شويّة دَبْكي وْهوّارَه
(يا غافِلْ إلَكْ اللّه)
فارَة وجردون مغارة
فارَة تْكرْ وفارة تفرّ
الحنطَه صارت دردارَا[107]
هَيْ أكلْ الفلاح و شُرب
تياب وْسْتْرَه وزنارَه
خاب الظّن وضاع الحَل
الفكر تشرّد واحتارَ
أولادُه يا نور العين
لَمْعوا متل المَنارَه
قالوا: نْقوم ونْتْظاهَر
والجارَه تحكي للجارَه

---

(105) بختو: حظه.
(106) وعد قراقوش.
(107) مبعثرة.

زُرّاع، وعامِل تعبان
يْنادوا سائق سيّارَه
صَرْخوا وعَلّوا الصوت كتير:
(ياعيب الشّوم! يا عارَا!)
الدَوْلهْ! الخبزْ!! الدولهْ! الفارْ!
يا حكومِة! يا وزارَة!!
طَلّ من الديوان وقال:
احرقوا الفارْ بسيجارَة!
حكمةْ وزيرْ ومديرْ
بتعرِفْ (فار الإدارة)
وزير! ومْتلو خنزير
يا عينو! صبّي نارَا
ازرعوا التبغ بيقضي عليه
بالشَم و الخشْكارَا[108]
وْعَا وَكر الفار، الدخان
بيمنعلو أيّ زيارَه
دخّان، وتبغ وخشكارْ
متلْ طُعْم الصنّارَة
ازعجتونا قالوا الحكّامْ:
بالزَرّيعَة وأسرارَا
السائح فَلّ من الضّجّة
والفوضى والبربارَة

(108) الخشكارا: قشرة القمح.

بَدّو السلم وشكل مليح
بالشارع والعَمارَة
فوتوا عَالسجن وعَالجَلد
تانْعَوِّضْ كل خسارَة
الحريّه فوضى وتعتير
العَدْل بَدّو نظارَة
قراقوش علّمنا كتير
(اقطعوا الفار بسيجارَه)!!

أستَذة...من تنَكْ!(109)

فــي سـيـرِهِ، بــان الــبـيــانُ والــهــدَفْ
احـمَـرّ وجـهُ فـي الـمـحـامـي، وانـصـرَفْ
لـم يـهْـوَ مـن أسـتـاذِهِ طـيـبَ الـهـوى
يــا عــيـبَـهُ مـنـهـا سـخـافـاتٍ قَـرَفْ
رمـزالـحـضـارة، مـجـدُ لـبـنـانَ الـقـوي
فــي رأيــهِ حــرْفٌ فـقـط ؛ بـاءٌ كـشَـفْ

---

(109) كان الشاعر القروي رشيد سليم الخوري من عشاق الطبيعة، ينهض صباحاً ويقضي ساعاتٍ في حديقة منزله، يروي الأرض، يزرع، يقتلع العشب الرديء ويشذّب الأغصان.
انهار حائط الطريق أمام بيته، بسبب العواصف فساعد العمال على ترميمه، يناول هذا حجراً وذاك معولاً أو إبريق ماء للشرب.
مرّ محامٍ شاب متشاوف يتدرّج في مكتب نائب، قضى أبوه زهرة عمره وهو يحطب ويكدّ حتى استطاع تعليمه، تعجبَ كيف أن شاعراً كالقروي يعين العمال في عملهم.
فقال له: يا أستاذنا العظيم! أنت رمز الحضارة، فخر لبنان، أنت أعظم من أمير.
أنت، أنت،! فماذا يقول الناس عنك لو رأوك تحمل المعول؟
ضحك الشاعر وقال له: يا ابني! هناك نوعان من الأستذة، أستذة طازَجة هي من تنَك، إن مسّها التراب صدئتْ، وأستذة من ذهب تزداد بريقاً كلما مسّها التراب.
احمرّ وجه المحامي وانصرف!

شـاوَفْ، وعَـنـتَـرَ بـالـقـشـور الـفـارغـة
مـا نـال مـن أحـكـامِـهِ أيَّ شَـرفْ
كـان الـشـرف، فـي ذهـنـهِ أن يـبـتـعِـد
عـن مـعـولٍ، عـن آلـةٍ عـنـهـا عـكَـفْ
لـيـس الـشـرف أن يـبـنـي، أو أن يـتّـضِـع
لا يـرتـفـع فـي ظـنِّـهِ عْـيـشُ الـشّـظَـفْ
عَـيْـشُ الـشـظَـف فـي ذهـنـه يـبـدو لـه:
في الجدِّ والكدحِ شَقا، أو من غَرَفْ![110]
عـيـبُ الـمـحـامـي، تـيـهـهُ والـكـبْـريـا
إن حـلّ فـيـهِ بـاكِـراً قـبـلَ الـخَـرَفْ
يا صاحبي الأستاذَ! مِن صُنعٍ تنَكْ
قُلْ لي: لِماذا العيبُ في معوَل جرَفْ؟
مِـنْ رَفـشِـهِ الـعـامِـل، ومـن مـنـكـاشِـهِ
قـامـت حـضـاراتٌ وتـاريـخٌ عَـطَـفْ!
الـكـونُ لا يـمـشـي صـد يـقـي! والـوَرَى
زهـرٌ، نـبـاتٌ! دابّـةٌ! كـلُّ الـحِـرَفْ
إمّـا أطَـلّ الـنّـورُ مـن عَـلـيـائِـهِ
عـشـقـاً لِـزَهْـرٍ يـخـتـصِـر كـلّ الـصـدَفْ
أومـا يـبـوحُ الـنّـبـعُ مـن حـبٍّ، هَـوَى
سـراً لأرضٍ تـرتـوي خَـيـراً قَـطَـفْ
لا تـمـشـي شَـمـسٌ أو حـضـارَه فـي الـبـشـر
إن يستحي السائس بإطعامِ العَلَفْ[111]

(110) غَرَفْ: أي: يبدو له في من غرف الشقاء أيضاً، أي تناوله غَرْفاً كالماء.
(111) العلف: طعام الحصان.

حتى الـطـوائـفُ يـا صـديـقـي الـمـسـتَـحِـي
إنْ لـم تُـلـمـلِـمْ عـيـبَـهـا فـي الـمـنـعَـطَـفْ[112]
أو، مــا تَــنــادى شــعــبــنــا لألــفَــةٍ،
أو عــصــبــةٍ، حُــلَّ الــوطــن ثــم انــجَــرَفْ
قُــم يــا صــديــقــي الــمــرتَــجــىَ، مُــدّ يَــداً
خَــمّ[113] الــنِّــظــامُ بــالــعَــفَــنْ، ريــحٌ عــصَــفْ

(112) عيبُ الفرقة والتناحر.

(113) خمّ: أنتَنَ وفسدَ.

بيان

هِبَةٌ[114] وفردوسٌ ومنهُ منارُ
ولِمَ الغريبُ[115] منَ اللهِ يَغَارُ؟؟
فرِحَ الفضاءُ وأنت ربّي تبدِعُ
فتضايقتْ ذَرْعاً عيونٌ، وجارُ
سمّيتَهُ متشامخاً، فتحَسّروا!!
أبدعته لبنانَ، لم يتغيّروا
منذ الأزل وإلى الأبد متأدِّب
يتصلّبُ الأرزُ بهِ والغارُ
وتهيّأَتْ كلُّ الكواسرِ في الفضا
تنقَضُّ، لمّا وُزِّعَتْ أدوارُ
ما راقَ خَلقَ الكونِ فيهِ دولة[116]
حين ارتمتْ في شعبها أفكارُ
وبأنها فوق التخومِ حضارة
يهوى التسلّطَ شعبها (المختارُ)

---

(114) هبة: المقصود لبنان.

(115) الغريب: إسرائيل.

(116) دولة إسرائيل.

أطماعهُ، كالحيّةِ الرقطاء تخفي
سمَّها حيناً وحينَ يُدارُ
في البدءِ قالوا: حقنا في رقعةٍ
أممُ تُنادَتْ، وعدُها استكبارُ
حلّوا هنا، قهراً وظلماً وزّعوا
دانَ الزمانُ لهم، وغُلَّ جِوارُ
واليوم صاروا لا يُقارَنُ ظُلمهم
إن في انتدابٍ بَزّهُ استعمارُ
أم في دُعاةِ الد ينِ، منهم يبرأ
دِين، كِتاب شوّهَتْه نارُ
نار وحقد في ظلامٍ جاهرٍ
ساقَ الورى وتبطّنتْ أسرارُ
أسرارُ تطبيعٍ لِشَرقٍ عاصِفٍ
شرقٍ يُجَرُّ وأمةٍ تنهارُ
فردوسهُ قد أينَعَتْ ثمراتهُ
شجَراتُ لبنانَ الظّليلِ بازارُ(117)

وعراقهُ، فاقَ الخليجَ غزارَةً
هَدَرَ اللّعابَ فهروَلَ السمسارُ
نامَتْ حضارات على أعتابِهِ

---

(117) بازار: سوق تجاري.

صُوَرٌ لشاةٍ ساقَها الجزّارُ
وعروبتي! تنأى بمصر جِهة
حلمٌ يباعِدُها وبئسَ شعارُ
أما دمشقُ الطّيبُ فارقَ قلبَها
يهوى ويعشقُ صمتَها الزوّارُ
فحذارِ أن تبني عليها قصيدَةً
في غَيبةٍ، وتؤوِّلُ الأخبارُ
جئتُ القوافي سائلاً مستوضِحاً
علَّ السكوتَ تُحاكِهِ الأشعارُ
أنا إنْ شرحتُ لا تَلَذُّ قصائدي
عني شآمُ أنتِ، والأقدارُ
بيروتُ، صدرُ العربِ يخفقُ جاهزاً
غَزِل بهِم، وبغيرِهم مَوّارُ
ورموشها تتحيّنُ الغمْزَ الذي
أغْوَتْ بهِ دُوَلاً، وحلّ حِوارُ
عزفٌ ولحنُ صدى، مُتألِّم
أرض تعاتِبُ عمقَها الأوتارُ...
هذي أوروبا، علَّمَتْ غُلمانَها
عِشقاً لشرقٍ، عزّهُ التجارُ
وتنطَّحَتْ أمريكةُ بمارينزِها

---

(118) إشارة إلى مقاومة المارينز في بحر خلدة، بيروت.

(119) وريقة المقاومة الوطنية اللبنانية.

طَللُ العروسِ يلفّهم ويُثارُ
ورمولُ بيروتَ الهوى عَرفتْهمُ
ما أوْقفتْ غزَلاً ولا همُ غاروا[118]
والأرزُ أعلاهُ: تمورُ ورَيقةٌ[119]
تهوى الشآمَ ليحتمي الأحرارُ
ما راقها[120] حبّ لهم وطريقة
بعد الحدودِ، غرامها والجارُ
صدَّتْ عشيقاً[121] في ديارها مرةً
أما هي في حضنه أمرارُ
عشتارُ قولي اليومَ أنتِ لجلَّق
في حبهِ أدونيسُ من يختارُ؟
أنا عاتِبٌ متبرِمٌ من أمرهِ
لما أراهُ قاسيونَ يحارُ
جارَ الزمانُ شآمُ لا تتفرَّدي
شمس هنا، وعروسة وخيارُ
لا يصلبُ العودُ المناضِل مُفرَداً
ثمراته، ورقاتهُ وخضارُ
جبَلَ الباروكِ، أنت لم تقم
لولا امتدادُ الأرزِ أو عكارُ
فيحاؤه، بيروته، وبقاعه

(120) الهاء للشآم: لم يعجبها أداء وطريق المقاومة الوطنية اللبنانية!
(121) صدَّت عشيقاً للمقاومة الوطنية.

وطن الشهادةِ للعلا جرّارُ

نحن الصخور معاً نحطّمها

وهناك في التخمِ، داخل وجوارُ

سنعيدهُ التاريخَ! نادِ من حضَر

سنعيدهُ، سنعيدهُ ما العارُ عارُ

(بُصِّ شوفْهَا وَالخِيامَ)(*)

مصرُ قامت بالسلامَهْ
من فِراشِ الموتِ، دامَ
عمرُ حُسني، ألفُ حسني
كفّهم ينزفْ شالوما(122)
كيف يمشي ذا القِوامُ
ذا النحيلُ واليتامى؟
فالنخيلُ جفَّ عوداً
رقَّ خيطاً والعِظاما
كيف تمشي ذي الآلامُ؟
وضميرُ الكونِ نامَ
صُمَّ عن غَلبانَ قائلْ:
(نِفْسِي آكلْ لَحمَهْ دامَه)(123)
ودِماغُ الحكمِ هام
يتعامى عن جياعٍ
في قبورٍ تتنامى

(*) إلى مصر، وسقوط حسني مبارك..
(122) تحيَّة صهيونية.
(123) طعام.

يتعامى، إلاّ عينُ النيل ضخَّتْ
مارداً دَوَّى رعوداً هتفَت:
إسمعْ أوباما!

لا يا أمريكا اسمعينا
لستِ دُنيا تدَّعينَ
لستِ أماً تنحنينَ
أمنا الدُّنيَا هيَ مصر
مصر قامتْ بالسلامَهْ
مصر قامتْ هلَّلَتْ
بيروت أخت زَغرَدَتْ
شدَّتْ على أيدي الرفاق نبَّهَتْ
من أفاعي النيلِ خلفاً وأمامَ
وكرها فيهِ يجري صامتاً
يُخرجُ ما فيه والأرحامَ
والرأس حسني قد يُطِلُّ دائماً[124]
في إشاراتٍ لسمٍّ وعَلامَه
ما صودِرَ شيء مِنْ نَهْبِهِ
هل يا ترى كلا حرامَ؟
كله كان كذلك
للعجَبْ! مالَ اليتامى
مُفلسينَ عضَّهمْ
مُقهَرين داسهمْ

(124) الرأس حسني: فكرُ حسني مبارك.

مُعدِمينَ زجَّهمْ
في عُبابِ النيل سَجناً ثمَّ عامَ(125)

أوصاله ما قُطِّعَتْ
أنفاسه ما أخمِدَتْ
يا ماردَ النيل علامَ
ينهش، هل دابره باقٍ في شرمِ(126)
أم في ظِلٍّ، ويراوِغْ
قلْ، قولكَ حرٌّ دوامَ
ماردَ النيلِ إلامَ
لا تدعْ غربَهُ يعوي
أنت مَنْ فضَّ الكلامَ(127)
مع عدوٍّ يتعامى
ماردَ النيلِ ألا اسْحَقْ
للميادين تدَفَّقْ
مُدَّ أقدامَكَ وارفسْ
كلَّ طاغٍ وغلاما
يعبث في حكم مصر
مصرُ قامتْ بالسَّلامَه.

---

(125) عامَ: يعومُ، يتعوَّم، يطفو فوق غرقى الفقراء.

(126) شرم: شرم الشيخ حيث هناك يختبىء حسني مبارك.

(127) فضّ الكلام: رفض الشعب المصري التطبيع مع إسرائيل.

أمُّ الدنيا سوف تمشي
دون قيْدِ أيِّ جيشِ
تأخذ عشقَ الصبايا
يحتمي الجيلُ في رِمشِ
لا تساوم في قضايا
النصرِ طُعماً أو في عيشِ
لو أنينُ النيلِ يحكي
هيَ ماما!
تنحني لا تستبدُّ
وتُزيحُ قرصَ شمسٍ
وتنادي:
أنا فيكم يا غَلابَه كلكمْ
أنا منكمْ عندكمْ
لا مبارك بينكمْ
مصرُ قالت بالسلامَة:
يعربيٌّ:
(بُصِّ شوفْها والخيامَه)[128]

2011-2-8

(128) إشارة إلى خيام الثوار المتظاهرين في ميادين التحرير.

ما بعدَ حُسني[129]

بعد ضيقِ واحتقان الناس وتململٍ في طبيعةِ أمورهم، تتجه منازعُ النفسِ لديهم نحو منافذ الحرية في حركة نسيماتٍ خفيفة سرعان ما تشتدُّ إلى عاصفةٍ تهبُّ مراتٍ مسرعةً متأثرةً باشتداد عامل الضغط واستمراره، تحكي مفرداتٍ مبهمة تجهد أن تسجلها لنا مقروءة الحروف لنهَجِّيها بوضوح، فتهدَأ. تحمل إشاراتٍ لتغيير ما وخيرات. تجدُّ العاصفةُ لتمتدَّ وتعمَّ تحرص أن تسجل هي لمعة نورها بهدوء، وأن لا تُلَوَّن ببياضٍ أو بآخَر، كما يتخيلُ أم يحلو للبعض أن يصبغها، ولا تدع أحداً أن يُمسك بها إلا عاملها. وتصرُّ العاصفةُ على تفسير نورها بشفافية الجوع الدافع الرئيس في عاملها. هذا الجوع الذي لا لون له ولا طعم إلا طعم القهر...!

بعضٌ من نُخَبِ المنظِّرين يزج نفسه في مهبِّ

هذه العاصفة فيتهور في معابرها ويحرف مسارها المتواضع والصحيح إلى مكان آخرَ...

لهفي عليها أن لا نفهمها وخيراتِها!

أحرص على الإيجابِ العظيم فيها. لا السالب الذي يودي بها إلى الهلاك واللفلفة.

أخشى اللفلفة واحتواء التجربة ولو بعد لأي.!

---

(129) حسني مبارك.

كم وكم عانى قومي والناس من مصادرة نجاحات التغيير وتوضيبها في صناديق الإهمال في عفن الزمن. !

كم وكم ضُخِّمَتْ حركاتُ التغيير والاحتجاج إلى مصاف الثورات الكبيرة، الثورات الكاملة التي أتتْ على كل فساد، وغيَّرتْ النظمَ والمفهومات، لا لإعجاب بها، بل لاحتوائها والانقضاض عليها!

لهفي على ما بعد زين العابدين، وحسني وما بَعد بَعد العرب والعجم

أحبسُ أنفاسي. . . أباركْ!
أهفو إلى ميادين أكثرَ ـ ميادين تحرير ومعاركْ
أهفو إليكِ أرزتي
في خَضارٍ من سمائكْ
لن أبارك ما يُلَفُّ ويُلَفلَفْ
بل أباركْ وأشارِكْ
في عواصفَ وحرائقْ
تقطع كلَّ يَباسِ أرزتي
تخلع أيَّ زعيمٍ في طوائفِ أمتي
تنسف الظلمَ، ضياءً
نوِّري يا ديرتي
لن أباركَ ما يُطَوَّى من مشانقْ
أبشري يا ساحةَ الشهداء
بيروتُ يا أمَّ الحدائقْ
أنا آتٍ بعدَ حسني
سأشارِكْ. . . !

قُمْ إلى أم المعارِكْ
ها زعيمٌ هو مالِكْ
للمذاهبِ والممالِك
عاد من عفَنٍ وعُهرٍ
يتسَنَّد في الأرائِكْ
قُمْ أخَيَّ في ديارِكْ
وَلْنشارِكْ وَلْنشارِكْ

أمُّ أشعَبْ [130]

كلٌّ له حدود وهوامش، الأجسام لطاقتها معيار ووزن تؤلِّفُ

---

(130) أشعب بن جبير، المعروف بالطامع. (177 م ـ 154 هـ) ظريف من أهل المدينة كان يجيد الغناء، يُضرَب المثل بطمعه، أدرك عهد عثمان وسكن المدينة في أيامه.

قدِم بغداد في أيام المنصور العباسي وتوفي في المدينة ـ الزركلي: الأعلام 1/ 332

سُئلَ أشعب مرة:

ـ هل تعرف من هو أطمع منك؟ فأجاب:

ـ أمي!

فسألوه:

ـ كيف ذلك؟

فأجاب:

ـ كنت إذا جئتها بهدّية تسألني: ما الذي جئتَ به؟

فأتهجّى لها اسم الهديّة حرفاً حرفاً حتى لا تميتها المفاجأة. ولقد أهدانا أحدهم ذات يوم غزالين، فسألتني:

ـ ماذا أهْدِيَ لنا؟

فقلتُ:

ـ غَيْن.

قالت:

ـ ثم ماذا؟

قلتُ:

=

بالحاجةِ والحدِّ والنوازع... وكذا الأرضُ لشعبٍ: بحدود الحاجة تُسمّى وطناً اللهمّ بعدل اللهِ والحق... أما إذا زاد الأمر عن مقتضاه، وتجاوز الممكنُ الرسمَ والحدّ فالحالُ هنا، كحال الدوَل التي تتجه نحو التسلط فتتوسعُ في تفسير حاجة شعوبها لتبرير اعتدائها على حقوق الغير وتصوير الفاقة أو الحاجة ظِلاًّ للطمع والجشع. وكحال النفس أيضاً عند الأفراد إذا نزعت هذه النفس منازع الرغبات والتجاوز، فحبائل الطمع وشِباك الجشع تنتظرها، ومآلها إلى العنف والتكسّر...

لا ألومُ أمَّ أشعَبْ
فهْيَ: إلى قلبيَ أحْبَبْ
أمُّ أشعَبَ غارِقَه
لا في حاجه فائقَه
أهْوَ عيبٌ طَمْعها؟
ليس جوعاً عائِقا؟.

= ـ زاي!
قالت:
ـ ثم ماذا؟
قلت: ألف
ـ قالت:
ثم ماذا؟
ـ قلت:
ـ لام.
فأخذت تضحك حتى أغمِيَ عليها، ولو أني أكملتُ، وقلت (غزالين) لماتت على الفور. ظرفاء العرب، الجزء الثاني، ص 114، دار ملفات.

يحيا فيها فاتِكا
تشتهيهِ سائقا
لرغيفٍ من فمٍ
يحتويهِ حانِقا
إنما طمْعاً وجشْعاً
حل فيها صادِقا!
عينها في ثوبِ جارٍ
أتراهُ آنِقا
هاجَمَتْه نازلته
كيف يحيا لائقا!
ذَوقها، حب لِطعْمٍ[131]
تبتلعْهُ رائقا[132]
سَمْعها، يطرَب غِناءً
تافِهاً أو ناهِقا
همّها كَمٌّ ورِزْقٌ
دامَ نُعْمَى، دافِقا
إفرَحي يا أمَّ أشعَبْ
لا تموتي فارِقَه[133]
مثلكِ اليومَ الجِوارُ
والحيتانُ الغارِقه
في بحورٍ من طَماعٍ

---

(131) طُعمٍ: طعام.
(132) رائقاً: بسهولة.
(133) فارقة: مفردة، وحيدة.

للقصورِ الشاهِقه
مِنها، أموالُ اليَتامى
كيف تحيا سارِقه[134]
يا رفيقي كيف يبقى!
فوق أرضي
فوق عِرْضي
عَلَم، جَشِع، طَمِعُ
كيف يبقى شافِقا؟
كيف يبقى شاهِقا؟
كيف دامَ خافِقا؟
لا ألومُ أمَّ أشعَبْ
فهْيَ إلى قَلبِيَ أحْبَبْ
هيَ أمٌّ يا صديقي
لا تُلامُ!
من يُلامُ؟
من يقولُ ليَ أمّ وهْيَ ذئبُ
يشتهي لا ينتهيْ
يعتَدي لا يهتَديْ
يتزيا بزِيّ أمٍ، دَولَةٍ
تبلع أبناءها لا تشبَعُ
والنباتُ عندها لا ينبعُ!
لا ألومُ أمَّ أشعَبْ!
فهْيَ إلى قلبيَ أقرَبْ

(134) سارقة: بمعنى مسروقه، أو سارقة الأموال!

منها أمُ
منها حُكمُ
حسبِيَ نَهْم وحلْمُ
منها[135] يأتينِيَ عِلْمُ
لا كدولَهْ فيها إبنُ
تشتَهيهِ وَهْوَ مُتعَبْ
تبتلِعْهُ أعمى أجْدَبْ. !
لا ألومُ أمَّ أشعَبْ.

(135) الهاء في منها: للأم.

سَيَعود!

... واستقرّ العِطرُ، بعد تجْوالٍ وقالْ:
جِئتُ من غربٍ ترى؟ ومن شرقٍ هَزالْ؟
ومن تُربٍ جرى في سواقٍ لا يقِف؟
حتى يُقالْ:
ما أنا عِطرٌ هناك، أو موادّ.......
أرضي تقول ههنا: فوّحْتَني[136]، كلَّ المجالْ!
سِرُّ أرضي؟ ماؤها، طعمها، أو ما يدبّ
يغتني، آهٍ عليها، مَن عليها مِن رِجالْ
راحوا بعيداً، والعطورُ حمِّلَتْ، هاجَرتْ
ونباتٌ زاهِدٌ جابَ وجالْ!
وحصانٌ يَدّعي مُقتَدِرٌ
قاوَمَ الريحَ عناداً والنِبالْ...
هاجروا كلٌّ! وعادوا!...
سمكاتٌ بالملايين، بحارُ
وبذور في البطون، دبّ قهرٌ ثم ذعر ثم عارُ

---

(136) فوَّحتَني: عطّرتني.

في شواطينا أوارُ
من فسادٍ من جِيافٍ
أين وجهُ الحوتِ يدنو
يعرفُ وجهَ الفِراخِ، هو جارُ
حلّلَ الماء الزلالْ
حلّل البحرَ ومالْ
هو ذعر في البطونِ معْ فِراخي
أين وجهُ الحوتِ يدنو
لِمَ لا يقرب، لا يؤاخي؟
لِمَ هذا البعدُ منها[137] والتراخي
من تلال الموت في شطِ الجيافِ
لا يفرِّق والحوافي؟
فلنمَلِّكْهُ البحارَ
سمكاتٍ وعذارى
وشواطي وقذارا
وليسافِرْ!! ربما كلُ التلالِ[138]
من حرامٍ أو حلالِ
قد تسافر معه
وتمزّق بطنه
حيث فرخُ البطّ، لو جالَ وطالْ

(137) الهاء: تعود للفساد والجياف.
(138) تلال النفايات والموت والفساد.

سيعود من مَهاجِرْ لا محالْ
سيعود للشواطي والعيالْ
ويعومُ الفرخُ منه بالكمالْ
ويفوحُ العِطرُ في كلِ مجالْ

مداخلة

بمناسبة إعلان (بيروت عاصمة عالمية للكتاب، أيار، 1990) دُعيتُ لحضور حلقة حوار، وإلى لقاء تشاوري يضم نخبة من المثقفين في عكار.

وحيث كان أول محاور هذا اللقاء، مناقشة كتاب (الدرب كما اختاره مهدي خليل) للأستاذ حبيب فارس، ألقيت بالمناسبة المداخلة التالية:

كي يأخذ التشاورُ مَداه الواسع ومن ثم بُعدَه الديمقراطي، ويفضي النقدُ إلى أحكام العدلِ والإنصاف وكي يكون الشكر لهذا الصرح العظيم ليس مجاملة ويبقى الهم الوطني لكل لقاء ثقافي عمدة وليس فضلة أو تمهرجاً:

أرى: أن نقرأ وندوِّن وننشرَ كل ما يصدر ههنا، لنعبر من صفحتنا الخاصة إلى الانتشار الأرحب في أفواه العامة.

يا سادة:

قد لا يروق كتاب الدرب لخاصة من المتعلمين ولا أقول المثقفين لأنهم يتألمون، وينفرون ويهربون من صورة الفقر، ولا يأبهون أو يواجهون أسبابه، يكرهون الجشع والاحتكار والقهرَ ولا يسألون من أين يأتي.

كل تضحيةٍ تمسّ العين والسمع، والأنا، لا وجوب لاحتمالها لديهم! (ما لْهمْ ومالْ أدب المعاناة!) ما لْهم وكتب الدروب الوعرة! كتب المقاومة، غزَّة، فلسطين، ثقافات الحرب...

أتصور بأن كتاب "الدرب" يروق العامة من القراء، وأكثرية الناس البسطاء الطيبين، فيصلح أن تقرأ صفحة منه أو عنواناً حول دفء المواقد على طريقة مسلسل الأقصوصة الطريفة، ويمسرح على منصَّات الأزقَّة لجمهور خشباتِ المسارح الشعبية... وأراه كذلك يشدّ اهتمام بعض النخبِ الثقافية، ويلقى انتشاراً واسعاً في أوساطهم..

أما مؤَلفه سيطول بيده النجوم!

كتاب (الدرب)، صنفٌ اقترب من كتب الله لامس الوصايا يهتدي بها يعبّ منها ما جامع الحق ومانع الباطل.

قصَّ حكايةَ القهر وروَّى، من جبهة العبد والفلاح لنعل السيد والإقطاع، حكاية الفقير الطيِّب المؤمن الذي يصلِّي ويشتاق إلى رؤى الرحمن وهو في سجنه المؤَبَّد.

استقى من كتب العباده رحمةً للعباد، وحُرِّرَ بيد مربٍّ اسمه حبيب. قال لقارئهِ:

اقرأ ما جمعتُ وما أوجزتُ لك من كتب الرسل، وبشِّرِ الفقراء الصابرين والمعذَّبين، بشِّرِ الحزانى واليتامى بفرح آخرةِ دربِ النضالِ العظيم!

روى عن (الدرب) قبل وأثناء وبعد مهدي.

لم يأتِ مهدي حزناً، أتى فرحاً.

أتى موسيقى توزَّعتْ (نوتَه) في وصاياه.

ما راحَ مهدي، ولكن أتى عصراً، (أتى شيفرا للتغيير) هو الكتاب، هو الدربُ. لا لن يكون بعد الآن ذكرى.

نقول بعد اليوم: كان تموز قبلَ مهدي، وكانت (جمّول) حين مهدي، وكانت غزَّة بعد مهدي!

هو الكتاب والدرب هو التاريخ والعصر.

يرى ولا يُرى، يتوزَّع بطلاً مخفيّاً وراء كل حادثة أو خبر، تسأل عنه وتتلهف لحضوره في الحدث، لو غاب يحلو الحوار، ويُمَركَزُ حول طيفه.

ذلك الكتاب حبكة فنِّية.

ذلك القاص في سرده ورسم الحدث والشخصيَّات وإدارة الحوار، يستحق عرش الأدب والسياسة.

ذلك التاريخ مهدي أصبح عصراً وديمومة.

ذلك الدرب لا ريب فيه!

مع المعذَّبين

إلامَ؟

حتى ترى!....[139] حرب البارد

كل الحواس لدى الناس كانت فاعلة وشاغلة، في (حرب البارد) الهائلة والقاتلة. رائحة البارود الكريهة من مدافع ما يسمّى (بالأصوليين) كادت تزكّم الأنوف وكادت تقتل الأمل إلا أنفَة وكبرياء وإرادة الجيش اللبناني. أما مُثارُ النّقعِ[140] وشهب النار والدمار، فكانت ليلاً، على شعبٍ سلط النور على المؤامرة، فلم يشمّ النتن والعفن فقط بل سمعها ورآها (المؤامرة)، لما دخل المتآمِرون على الوطن.

---

(139) دخل رجل على بشار بن برد الشاعر العباسي، فاستثقله بشار فضرط عليه ضرطةً فظن الرجل أنها أفلتَتْ منه، ثم ضرط أخرى، ثم ثالثة، فقال الرجل:

ـ يا أبا معاذ، ما هذا؟

قال بشار:

ـ مَهْ (اسم فعل أمر بمعنى: اسكتْ)! أرأيتَ أم سمعت؟

ـ قال:

ـ بل سمعت صوتاً قبيحاً!

فقال:

ـ فلا تصدّقْ حتى ترى. (ظرفاء العرب: الجزء الثاني، ص 225، دار ملفات).

(140) النقْع: الغبار. يقول بشار الشاعر: كتشبيه تمثيلي لليلة حرب:

كأن مُثار النقع فوق رؤوسنا وأسيافنا، ليلٌ تهاوى كواكبه

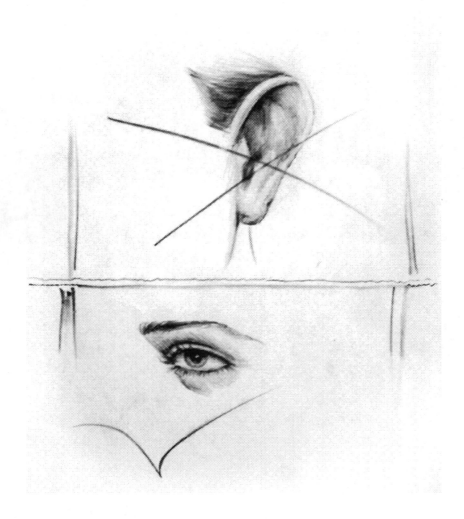

سمع الشعب (الضراط) وأبصَرَه في مدافعِ الأصوليين وسمع العالَمُ الذي تسيطرعليه أعتى دولةٍ في التاريخ الحديث، تتفرّد في السلم والحرب، وتستطيع أن تردع كل شبكات التخريب ووقف العدوان. سمعنا ورأينا فكانَ الغلَطْ من كل من (ضرَط).

ما كنت أحسَبُ أنّ جيشيَ قادِرُ
حتى ولو دُبِّتْ عليه ذخائرُ
كم بالحري! كان العَطاء مُقتّراً
بعتادِهِ شحّتْ عليه دوائرُ
عدتُ ارتميتُ ماسحاً أقدامَه[141]
من غبرةٍ، جاء النظامُ الجائرُ
جاء بها، والذلُّ دام أعصراً
من عاهرٍ راح وجاء عاهِرُ
حتى استفاق ماردٌ من جِلدِهِ
يُمسِك بهِ والسيفُ عهد شاهرُ
عُدتُ ارتميتُ عند اثنين معاً
جيشٍ أمينٍ، يحتميهِ ساهِرُ
شعبٌ مقاوِم، أمّةٌ تتفرّجُ
يا ليتنا يكفينا منها تآمرُ
بل تدّعي أن الهواءَ هواؤها
والبحر من نبعٍ بأرضها عابرُ
تمشي الدماءُ في عروقنا، ملكها
والغربُ أيضاً في هواها مُجبَرُ

(141) الهاء تعود للجيش.

لـكـنـنـي. . أمـشـي إلـيـهـا جـاهِـداً
كـي ضُـمّـهـا أعـتـب عـلـيـهـا ثـائـرُ
هـي أمـتـي! لا لـن أكـونَ كـمـا هـيَ
إن عـلـمـتـنـي الـحـرفَ أيـضـاً ذاكِـرُ
هـي غـرب؟ فـي الـشـرورِ كـلاهـمـا
لا يـعـتـرف مـا حـلّ فـيـنـا نـاكِـرُ
والـطـامـةُ الـكـبـرى! فـي ظِـلِ سـلـطـةٍ
أمــنٌ، وعــدل تــدّعــيــهِ عــامِــرُ
قلنا لها: من قبلِ صهيون، اسهري
مــا قــام جــيــش فــي بــلادي قــادِرُ
عُــدّي لــه أفــلاذَ مــن أكــبــادِنــا
عُــدّي لــه، أو يــســتــهــيــنُ الــغــادِرُ
قلنا لـهـا: يا (قـحـبـةً)[142] لـيـسـوا لكِ
أولادنُــا؟ هــلاّ دهــاكِ مــاكِــرُ؟
حـتـى دفـعـتِ فـي الـعـراءِ جـيـشَـنـا!
أيـن الـسـلاحُ؟ أفـي الـفـؤادِ[143] فـاكِـرُ؟
قـلـنـا لـكِ: لا، لـن نـصـدّقَ دَعـمَـهـم!
قـلـتِ: بـلـى، مـا كـان بـوشُ الـعـاقِـر
إلا أبــاً!! أولادُهُ هــم فــي الــعــراقِ
مــثــلــنــا صــدِّقْ! يــقــول الــشــاكِــرُ

(142) قحبة: صفة للمرأة الرخيصة والعاهر.

(143) الفؤا د: تورية عن رئيس حكومة سابق.

حتى ترى ما كان كِذباً في الورى!

حتى ترى صدّقْ! يقول الشاعرُ⁽¹⁴⁴⁾

لا تـسـمـعِ الآهَ! ولا عـيـنـاً تـرَى

بـحـر الـدِّماءِ مـن (خراها)⁽¹⁴⁵⁾ يـهـدر

لا يـصـدرُ الـريـحُ مـن قفاها خارجاً

إلا ومسـكٌ حـيـث ذاك الـزائـرُ⁽¹⁴⁶⁾

---

(144) بشار.

(145) الهاء فيها تعود إلى السلطة.

(146) الزائر الدائم المقصود السفير الأميركي.

152

هاتها....لا فرق عندي!
أقبله ولو كان عليه...![147]

منذ قيامها، بعد اغتصاب الأرض وبشرها، أباحت الدولة العبرية بتكليف ودعم دوليين تتزعمهما (سلطانة الدنى) الدولة العظمى! أباحت الكذب على نفسها وعلى العرب، الكذب بتنفيذ كل الاتفاقات التي تلحظ السلام وقيام دولة للعرب الفلسطينيين مقابل الدولة العبرية في فلسطين.

الكذب، من كامب ديفيد وأوسلو ومدريد مروراً بوعود كل رئيس أميركي وإدارته الجديده. إدارة ترأس، ترعى وتشرف على تنفيذ المعاهدات والوعود، من إعادة الجولان والأراضي العربيه المحتله بعد 1967 والضفه و. . و. . إلخ. إدارة تكذب، وأنظمة تصدق! إدارة تفبرك حروباً ودماراً. . . وبناء مستوطناتٍ وجدراناً

(147) يعتذر المؤلف عن ذكره لبعض المفردات الوارده على لسان قائليها وهي سيئة الاستعمال وإن كانت فصيحة في اللفظ، فقد أتى بحرفيَّتها لأمانةٍ في النقل والرواية.
دخل ابن الجصاص على المقتدر، والمقتدر قد حلق رأسه، ودهنه فقال له:
ـ يا أمير المؤمنين دعني أقبِّلُ رأسكَ. فقال المهدي: دعه الساعة، فإن عليه الدَّهن. فقال ابن الجصَّاص: والله أقبِّله لو كان عليه الخَرَا! (حدائق الأزاهِر، ص 265).

عازلةً... وأنظمة تستجدي السلام وحل موفدي الاحتيال! إدارة، تخطط للقتل والتشريد وأنظمة تنفذ وتصرّ تحت ستار احترام الوعود والمعاهدات على اغتيال خيرة القيادات الوطنية والمقاومة... إدارة تفوح من رأسها الروائح الكريهة للمؤامرات، وأنظمة تصرعلى تقبيلها ولو كره الكارهون... إدارة تقول للمفاوض العربي (أمير، زعيم، والٍ، رئيس دولة): ابتعد واغرب عن فهم أفكاري وحقيقتي المموهة، حالها كحال المقتدر أمير المؤمنين في قوله لابن الجصاص[148]!!! الوالي ـ أو الأمير العربي ـ يصرّ على تقبيل الرأس، يخرّ ساجداً يستجدي الأفكار الوسخه، يهلل لها، يقبلها على علاتها، يمضغها ويقول: (معليش! دودها من عودها!)[149].

شاءتِ الأقدار، تكبو أمّة
خيَّبتْ آمالَها أجيالها
خسرتْ أرضاً فقلنا: مرةً؟
عاود الدهر مراراً مُرَّها
ذاب في الحمْض شهيد قائد
قل ملايين العظام شابها
ما شابه[150] من ظلمهم حكامنا
لا تقارن بالعدو أكفانها

---

(148) هو عبد الله الحسن بن عبد الله بن الحسين الجوهري. تاجر مشهور في العصر العباسي الثاني. قيل: كان ابن الجصاص ينسب إلى الحمق والبله. وقيل: الصحيح أنه يتظاهر بذلك ليرى الوزراء منه التغفّل فيأمنوه على أنفسهم إذا خلا بالخلفاء. (دائرة المعارف، توفي في 409هـ/ 932م).

(149) دودها من عودها: مثل شعبي يقال لمن يأكل الثمار والفواكه مع أوساخها.

(150) الهاء في شابه: تعود إلى شهيد، أبطال، عظماء، أصيبوا من حكامهم أكثر من العدو.

قــتــلــوا مــنَّــا، يــتــيــمــاً شــرَّدوا
أفــســدوا الأرضَ وعــلّــوا ســورَهــا[151]
مــا نــسَــوا فــي الــســور فــتْــحَ نــوافــذٍ
كــي يــمــرَّ الــنــعــلُ مــع ســلــطــانــهــا[152]
لــوَّحَــتْ[153] قــالــت لــه يــا مــنــقــذاً
هــاتِ أســيــافــاً تــوازي خــبــزهــا[154]
أيــهــا الــســلــطــان مُــدَّ والــيــا[155]
مــا تــراهُ لازمــاً مــع نــعــلِــهــا
هــكــذا درب الــولايــة يــقــتــضــي
شــكــلــيــاتٍ لا غــنــى عــن صَــحــبــهــا
هــا هــو الــمــرجــو[156] يــبــطّــن أنــفــســاً
ســابــحــاتٍ فــي الــخــلا[157] يــروي لــهــا:
أنــا إن قــبَّــلــتُ إســتــاً[158] هــمّــنــي
بــاقــيــات مــن جــبــاهٍ حــولــهــا
ومــثــنَّــى مــن كــؤوسٍ خــمــرةً
صــبّــهــا بَــوْلاً يُــفَــرَّج كــربــهــا

---

(151) علوا سورها: هنا عزلوا شعبها.

(152) السلطان: الوصي الدولي، والنعل: أداته.

(153) لوَّحتْ: الأمَّة.

(154) هات أسيافاً: هات سلاحاً أو خبزاً أو.. على قاعدة (من يأكل خبز السلطان يضرب بسيفه).

(155) والياً: المقصود: زعيماً عربياً يمدد ولايته في الحكم.

(156) المرجو يعني: الوالي، الزعيم، القائد، الرئيس.

(157) الخلا: الخرا.

(158) إستاً: مؤخرةً.

لــولــيّ تــاه عــنــهــا قِــبــلــةً
أولــويــات يــحــارُ عــنــدهــا
حــيّــرتــه مــا يــقــبّــل أولاً
دلَّــه أيــن الــعــلا فــي حــبــهــا
أنــت حــرّ قــال ســلــطــان الــدنــى
مــا عــدا أذنــاً ورأســاً فــوقــهــا
قــم تــحــرَّكْ فــي حــدودٍ راضــيــا
مــن تــكــنْ أنــتَ! إلــهــاً ألَّــهَ
هــا أنــا الــســلــطــان أحــكــم عــالــمــاً
عــولــم الأرض وأيــضــاً حــكــمــهــا
إن رأســي عــولــم الــكــون لــه
لا تــطــاولــه يــد فــي شــأنــهــا
أو زعــيــم رام مــنــي قــبــلــةً
(تــأخــذ الــريــح)[159] الــروائــح شــمّــهــا
عــطــر أوروبــا؟ أنــا الآن لــه[160]
حُــطَّ فــي الــجــبــهــة وأذنــي كــلــهــا
إحــذر الــرأس الــمــدهّــنَ عِــطــرُه
لــكَ عــطــر الــقــامــة مــن إســتــهــا
شــمْ وقــبِّــلْ مــا تــراه مــنــصِــفــاً
أســفــلُ الــهــامــة يــخــبّــىء كــنــزَهــا
هــتــف الــوالــي وخــرّ ســاجــداً
هــلّــلــي!! ســيّــان هــذا عــهــدهــا

(159) تأخذ الريح: تشم بسرعة كالكلاب!
(160) أنا الآن له: أنا الآن وصيٌّ عليه.

أقبلَتْ؟ خــذهـا وقبّـلـهـا مـعـاً

كيف تأتي!... مـا عليـها ضمّـها

دودهـا مـن عـودهـا مـا هـمـنـا

طـعـم أقـدام الـولايـةِ مـثـلـهـا

خـطـوةً تـوطـىء وأخـرى تـمـتـثِـل

هـاتـهـا لا فرق عـندي طـعـمـهـا...

أشلاء أثيوبيا(*)

يا وجوهاً من كونٍ أسمَرْ
أمتي منها، ومنه تعبر
تعصرُ اللونَ تسافر
والمزيجُ كوَمُ آهٍ، ومَهجَر
يتَعَدّى السنديانَ رأيها[161] عناداً
يستبدُّ إن بإصرارٍ وأخْطَر
فتزيّن للشبابِ هِجرةً
ما لها والريحُ أكثر
ثروة؟ فوضى، إشراقة وهم
والأماني سابحات طرّادات
غوّاصات طائرات كاشفات
أفقاً
ما أحَيْلاها أماني في المعاني
لو طوّعَتْ ريحاً وجاني
تعبر الآهَ، تراوحْ أمتي في

(*) من كارثة الطائرة الأثيوبية التي تحطمت في بحر بيروت.
(161) الهاء تعود لأمتي.

غربةِ

تنساهُ بذْراً، تنساهُ أقمَرْ[162]
وَلدي، مزيجَ لونِها، وأثيوبيا
من تربةٍ أو غُربةٍ لا،
لا تتغيّرْ!
تنساه شريداً، صُنْعَها
توأمها إفريقيا، تنساه أيضاً
صُنعَها، تنساه أيضاً طفلَها
ولدي، هام وعْرا، أمهُ
قارة اللون والنسيان هام كوناً
يتعثّرْ!
لَملَمَ الآهَ، حرفا ونواحَ
لَملَمَ بعضاً بقايا، ثم راح
ثم راح والهوية ما استراح
يتدَبّرْ!
لَملَمَ إرثاً ثقيلاً من عفونَة
قذفتهُ، لمفاهيمَ
وأغزَرْ!
قالت له رُحْ أمتي، طِرْ
ولدي، فوق بحارٍ أنت
أجْدَرْ!

---

(162) أقمر: أوضح.

لو مزيجُ اللونِ أقدَر[163]
لو مزيج الفكرِ أطهر
في بلادي، لو نقياً كان وجهي
أو لساناً واحداً كان لساني
لو أمتي، ولدي، ضلوعي
لو مزيج الآه أوضحَ غربتي
لو صحيحاً كان دربي
وأميناً كان قلبي في أيادي
لكنه، في وحوش كانَ
في تيوسٍ، في بحار
لو أميناً في أيادي
ما كان أبحَرْ!
هجرتي إقلاعها، طائرتي
ما كان أقصر!!
إيهِ أشلاءَ أثيوبيا! والفتاتِ!
بحرَنا! ياهمَّ أشلاء ضائعاتِ
فلتعودي للثكالى الجائعاتِ
فلتعودي للحفاةِ للعراةِ
أنت والجوعُ، أنا،
ما لنا والهجراتِ
طالما كنا وكنتِ في بطونٍ
ناعِماتِ

(163) مزيج اللون هنا، الانتماء إلى السمرة والشدّة.

من دمانا، يتغذّاها غنيٌّ

ولنا كلُّ الفتاتِ

عودي أشلاءَ أثيوبيا ما تعودتِ

ركوبَ الطائراتِ!!!

وانسفي الظلمَ هناك

في الديارِ العاهراتِ

عودي أشلاءَ بلادي

أنتِ أيضاً، لا لذلِّ السّفاراتِ

ما أسهلَ الجمعَ، عودي

بين فقرٍ ومماتِ...

161

إلى طفل باقٍ بعد غزَّة

كان يدخل الأحياء هادئاً مع الأجساد المنهَكة، وجفاف السنين والأرض!

كان يدخل، يرافقه بحث في الحياة عن الرغيف.

كان دوماً الموت البطيء المتراكم. يتسلل أصفر الوجه بلون الذرة الصفراء في غزَّة...

كان هكذا ما بعد الزلزال (الحرب العدوان) وكلمح البصر بدَّل خطاه وانهمر موتاً مسرعاً كالمطر في وجهه البشع في كانون الأسود

هذا الموت المتنوع!الزائر الكريه انهمر عاتياً.

انقضَّ متمرجلاً متجبراً ينهش (الحي الزيتون الهادىء) يعتلي (الجسرالمعبر) يفجر طفلاً مختبئاً وهو يغفو على حلم وقف إطلاق النار مع عزرائيل في اليوم العشرين من حرب غزَّة.

غـزَّة فـي الـيـوم الـعـشـريـن   وايـــعـــرب وا أيَّ ديـــن!
هـبّـوا! عـيـبٌ عـلـيـنـا   يُـكـتَـب تـارخُ لـعـيـن
عـن إرهـابٍ، عـن إجـرام   لا يـرحـم!هـلاَّ يـلـيـن؟
مـن يَـتَّـم، مـن حـطَّـم   مـن كـوَّمَ الـدنـيـا أنـيـن
مـن هـسـتَـرَ فـي ذبـحـهِ   داراً وأمـاً والـجـنـيـن!
آهٍ! لأخـتـي جـبـالـيـا   يـا (حـيَّ زيـتـونٍ) وطـيـن
أنـا بـيـروت أختـكـم   أقـسـم: لـقـانـا أو جـنـيـن
الـثـأر صـار واجـبـاً   الـثـأر أوفـى مـن يـمـيـن

الثأر من يسارِنا ... يا طولَ شوقنا والحنين
أنتيكا صار نظامهم ... عُرب الزمانِ والسنين
إن قالوا غزَّة: لا تصدِّق ... يا طفلَ غزَّة والسجين
إن تبكي يوماً بعدها ... أذكرْ عُروبَ الحاكمين
كان شكرهم شاعر[164] ... هم نسخةُ المستعمرين
ظنَّ أن الذئبَ يغفو ... في بلاد الجائعين
هو[165] يا ابني يُمهِل ... القاتِلَ للجيل الأمين
أنت أنت، طفلَ غزَّة ... أنت جيل اليانعين
إن تشكو يوماً بعد حرب ... أو بعد كل القرابين
إن تصحو يوماً بعد ظلم ... أذكرْ وسمِّ الظالمين
بين الجنازةِ قاتل ... يمشي يُدجِّل كالحزين
يمشي ويدعوُ عربَه ... من محسنين وقاتلين
مَن صدَّقوكَ بمالهم ... أنظرْ تراهم مذعورين
كيف تمشي اليوم حيّاً؟ ... كيف ينمو الياسمين؟
لِمَ لم يأتِ عليكَ ... فوسفورهم في المصارين؟
يا طفلَ غزَّةَ باقياً ... رغمَ أنوفِ الخائنين
أنظرْ تراهم هرولوا ... نادوا ملوكَ (المؤمنين)
لَمّوا شتات شملهم ... دَسّوا لكَ للجائعين

---

(164) الشاعر خليل مطران: خاطب المستعمرين من مصر:
"شردوا أخيارها، ... واقتلوا أحرارها،... قطِّعوا الأيدي،... أطفئوا الأعين،...
أخمدوا الأنفاسَ هذا دأبكم ... وبه منجاتنا منكم فشكرا"
في شكره لظلمهم وقتلهم لجسد المواطن والوطن، في شكره هذا تهديد ووعيد وترقب الأجيال القادمة التي ستنتقم وتثأر للعذابات والقهر...

(165) هو: تعود إلى الشاعر خليل مطران.

يا طفل ينجو بعد غزَّة
لا تأتمن للذابحين

نام الضمير وإن صحا
يوماً في أرض أو في حين

سيقولُ لكْ: حقٌّ لكَ
أيَّ سلاحٍ تستعين

يا يساراً بعد غزة
هلاَّ تنادي الواقفين؟

هل زئير الوحشِ يدوي
في شتات الغافلين؟

هل تنوَّرتَ في جمعِ
الضعفاءِ المساكين؟

نحن منهم يا صديقي
لُمَّ ما فرَّقه دين

لُمَّ طفلاً بعد غزَّة
من يسارٍ أو يمين...

حرب غزَّة 2009

قتالُ الأهل

في طرابلس

فيحاءُ! يا كل الحرائرْ

يا ألفَ مَهديٍّ وشاعِرْ

بالوساوسِ والخناجِر

يدخلُ البيتَ مغامِر؟

أهلكِ مثلُ دلامه![(166)]

---

(166) أبو دلامة: شاعر مطبوع من أهل الظرف والدعابة، كان أبوه عبداً وأعتقه. نشأ في الكوفة واتصل بالخلفاء من بني العباس، فكانوا يستلطفونه ويغدقون عليه صِلاتهم. كان يتهم بالزندقة لتهتكه، الزركلي: الأعلام، 3، 49-50...

دخل أبو دلامة على المهدي وكان عنده جماعة من عليّة القوم، فقال المهدي:

ـ أنا أعطي الله عهداً لئن لم تَهجُ واحداً ممّن في البيت لأضربنَّ عنقكَ! فنظر إليه القوم، فكلما نظر إلى واحدٍ منهم غمزه لينالَ رضاه. ولما تيقّن أبو دلامة أنه لا بد من هجاء واحد ممن في المجلس، لم يجد إلا نفسه، فإن في ذلك السلامة والعافية، فقال

ألا أبـلِـغْ إلـيـكَ أبـا دُلامـه   فليس من الكرام ولا كرامه

إذا لبس العِمامة كان قرداً   وخِنـزيـراً إذا نـزع العِمـامـه

جمعتَ دمامةً وجمعت لؤماً   كذاك اللؤم تتبعه الدمامه

فإنْ تكُ قد أصبتَ نعيم دنيا   فلا تفرح فقد دنت القيامه   =

يتَزيّا بالعِمامَه!
دسَّهُ المَهدِيُّ سهماً
ينفذُ أيّ مَعابِرْ!
أنتمُ يا أهلَها!
كيف هَشَّمتم وجهَها؟
هلا سقيتم بَعلَها(167)
مُرّاً يصدُّ بابَها؟(168)
أنتمُ اخْترْتم قِتالا
في مدينتِكم شمالا
هل أجازوكم غِلالا
فِتنَةً كانتْ حلالا؟
طرابلس!يا قُبّةَ المَنائِرْ
يا جوعَ أطنانِ الجواهِرْ
يا بساتينَ العويلِ والحَرائِرْ
يا كلَّ أهلي! يا كلَّ جَبَلِيْ
أين أنتم! أنّى كُنتمْ
حيثُ يمحو الخِلْفُ فيكم

= فضحك كل من كان في المجلس، ولم يبقَ أحد إلا أجازه: ظرفاء العرب، الجزء الثاني، ص 197، دارملفات.

(167) بعلها: بعل محسن، تورية عن اسم مكان أو منطقة في طرابلس جرت بينها وبين منطقة باب التبانة أبشع الحروب، وبعل محسن يسمّى: البعل العالي، وباب التبانة: البعل الواطي والبعلان يشكوان من شحٍّ بالمياه ومن عطش وجوع وفقر مدقع!

(168) بابها: باب التبانة، تورية عن باب الازدحام والكثافة السكانية، حيث هناك يزدحم العطشُ.

نَبَضاً من أياديكم
إن هوَ إلا مُسافِرْ
بينَكم جوعٌ وَكافِرْ
خِلفُ جوعٍ؟ هو ظاهِرْ
هل يُداويه مؤامِرْ
بِفتاتٍ من دَوائِرْ؟
تدّعي الغيره وقُربى
تَلبسُ أفعى وجائِرْ
تَتَبنّى للثّكالى
إسمَ زورٍ، إسمَ ثائِرْ!!
هذهِ الفيحاءُ تهجو نفسَها
هذهِ الفيحاءُ تَقتلُ اسمَها
هذي المدينه تَنْحرُ عهدَها!
قلْ: لهذا المَهدي أو أيِّ مغامِرْ
يدّعي الحِرصَ عليْها والحَواضِرْ
أبعِدوا الفتنَةَ عنها والسواتِرْ[169]...!
يا أهلَ حيفا والجَزائِرْ!
لِعروبتي، بُحَّتْ حَناجِرْ
من بعلِ مُحسِن[170] والمَقابِرْ[171]
من بؤسِ تبّانَة المثابِرْ
كمْ وكمْ نادَيْتمونا

---

(169) السواتر الترابية: حواجز الحرب بين الأهل.
(170) البعل العالي: يتعاطف أهله مع القضايا العربية.
(171) المقابر: منطقة في التبانة مع (الغربا) كذلك أهلها عروبيون.

كمْ وكمْ كافأتمونا
نَحْضنُ النيلَ وناصِرْ[172]
بَرَدى، شآمَ، والمَنابِرْ
نعقدُ العَزمَ، وفَقْرَا
لن يدومَ الصبرُ دهْرَا
إلا جوعٌ د امَ عُمْرا
هل يُداوَى بالخناجِرْ!

(172) ناصر: جمال عبد الناصر.

ما بعدَ... بعدَ قراءَتي[173]

أصبتَ المرمَى لمسافاتِ الرؤيا، وتهَلّلْتَ.
أبحرتَ وأشياءَكَ وعُدّتَكَ في مَدِّ المحيط[174]، وهَدَأتَ.
وشراعكَ في عرض اليَمِّ، ودَوّنْتَ.
عُدْتَ، وَجَزْرَ الموجِ أطياباً وأحباباً.
ترجّلْتَ في شعْبٍ ووعْر، والفانوس في قبضةِ الشِحّ،
والحَكايا تطول، و(سوالف) العَتمةِ صُعْد ونزول.
وتربّعْتَ في رَبعينِ: عَرْشِكَ والعَشيرة!
تروي نقِيّاً، صَفِيّاً، سخِيّا.
أدخلْ إلى فرحِ ربكَ وعرشِكَ هنِيّا.
أولمْتَ لنا ونوَّعت،
ومن اللَّذيذِ المحيَّرِ وضعت
بين الأطايبِ شيء من المرِّ ورشَّة من أملاح
صدِّقوني أنا ما فرَّقت.
نهِمْتُ وبشِمت
اعذروني! على اللعناتِ ما مررْت

(173) ما بعد قراءتي رواية (ملح الأرض ـ المتمردة) للأستاذ الأديب حبيب فارس وسميتها (هيفاء) وهيفاء هذه بطلة الرواية.

(174) المحيط هنا: ريف، و(تعتير)

سمعتها هي، اللعناتِ في الملحِ تقول:
أطعمتنا ومهرجتَ لنا
فأبدعتَ وأبدعتْ
أما نحن: الحاضرين، عشاقاً وسمّارَ ليالٍ
نقول لقصيدتي الآن: أنِ اخرجي إلى فرح العمر بعيداً
في الكونِ ومزّقي السِترَ لسارقْ
هَلِّلي، فالعصْرُ فارِقْ
بين أمسي، والخوارِقْ
واعبري يا كلَّ أهلي
من قِتالٍ في الخَنادِقْ
من غبارٍ، من ضَحايا
من رِواياتِ الزوايا
دَوّروها في الخَفايا
طاولاتٍ(175) ونوايا
لا تصدّقْ زيفَهمْ
صُلحَهم، كلّ المنايا
لا تصدِّقْ وعدَهم
وحِواراتِ الفنادِقْ...
لا تصدِّقْ يا حَبيبي
وعدَهم، عرْسَهم
قمْ نسَمِّ موْعِداً
دونَهم، أو مَشهَداً
لِذئابٍ وخلائِقْ

(175) طاولات الحوار.

تَتَعدّى حبَنا
تتجَبّر، تتخطّى ربنا
قم نُسَمِّ في دقائق
موعداً لسلامٍ دونَهم
أو زفافاً لزواجٍ ضِدّهم
قمْ نسَجِّلْ قمْ نصدّقْ صلحَنا
في مساواةِ الفوارِقْ
في عِناقاتِ البنادِقْ...
ما بعدَ... بعدَ قِراءَتي
هيفاءَ
ما بعدَ بعدَ عبادَتي
أشياءَ
ما بعد اليوك، والنورَج
وتنور أمِ رستم، والعوسَجْ
فانوسَ الشِعْبِ[176] الأعوَجْ
ما بعد بعد هزيمة العصرِ
ووعد ساحة النصرِ
زمان الشحِ والقهرِ
ما بعد بعد قراءَتي
سمعت صوت قضيّتي
سمعت صوت عبادتي
لأمتي في عشيرتي

(176) شِعْب: طريق الجبل.

هاتفاً منك مؤرِّخاً
ومسافراً في كل آهٍ
هزّني!
ألأنني منه ومنها قصيدتي
نادى منادٍ سادتي
هبوا اقرأوها روايتي؟؟
نعم هبوا اقرأوها تتعرّفوا
كيف كان بنفسَجُ
في وعور الريفِ يحدو
كيف كان العشقُ طهراً
لا إلى هيفاءَ حَصراً
كان يعدو كان يغدو(177)
تعرفون الصدقَ درباً سادتي
لملِموا الآهَ سوياً، حسرتي
ضاعَتْ! تعالَوا
ولْنكَرِّرْ ضيعتي وقضيّتي
هيْهاتِ، هيْهاتِ منها
علّتي!

---

(177) يغدو: يصير، يؤول.

المرَّ حَلَّتْ(178)

كيف آهٌ يا حبيبُ(179) بكَ مرَّتْ؟
ومرايا السوء(180) حصراً قد تَوَلَّتْ
كلَّ أورام بلادي وتجلَّتْ!
فانشرحنا نوهم النفسَ استقرَّتْ
عنها ماري وجراحٍ في حشاها
قد تُدَاوى مع جراحاتٍ ترَدَّتْ
نقطف الريح نصدِّقْ كالأماني
في بلدنا. راحت الكذبةُ صدَّتْ
ما اشتهينا أنَّ صلحاً بينها والموتِ ماري
عبثاً، قد أصرَّ الوحش فيها فتهاوَتْ
لم تمتْ، حبةٌ منها زهورٌ ياسمينُ
عطَّرتْ تربةَ أرزٍ
ثم ضمَّتْ ألفَ طفل
وقَّعَتْ
ألفَ وعدٍ

(178) كُتبت في وداع المربية والمناضلة ماري غربية.
(179) الأديب حبيب فارس، زوج الفقيدة ماري.
(180) كناية عن صور الأشعة.

ألفَ حبٍ
وعهوداً، . . . . ثم طارتْ. !!!
يا ذا الحبيبُ! كيف آهٌ بكَ مرَّتْ؟
آه ماري، حسرةَ الأحرارِ جرَّتْ
آه ماري، آه داري، كلُ أحراري
كيف آنَ الموتُ منها وبلادي تحترق؟
كيف آنَ الموتُ منها وبلادي تختنق؟
كيف آن الموتُ منها وتعرَّتْ
زحمةُ الأزماتِ في داري(181)
وماري كلُ داري وجواري
تختنق ماري وشعبي، كيف هرَّتْ
رُزمَةُ الأعناقِ في حبلٍ وشنقٍ ثم كرَّتْ
ثم كرَّتْ فتنةٌ قُلْ! ياذا الحبيبُ
رُزمةً شَدَّتْ خِناقاً ثم فرَّتْ
في الجنازاتِ وتمشي فتنةٌ، تقتل شعبي
وماري تختنقْ منها، وتسألْ ثم سرَّتْ
عن دواءٍ. ! ماري هلَّتْ؟ لا . . ثم فلَّتْ
قلتُ عنها: عجبي! ويا لهفي عليها
أَفي الخَلْقِ والخلْقِ تحَلَّتْ؟
سألتُ القومَ عن حبٍ عظيم
أجابَ اللَّهُ ماري: المرَّ حَلَّتْ.

2011-1-22

---

(181) إشارة لمرض الدكتور نقولا شقيق حبيب وهيفاء شقيقته وآلام وطنه.

حوار مع القدَر[182]

قال[183]: تنعَّمْ، أتممتُ عليك نعمتي.
بختي[184] أنا من هذهِ[185]: ما اخترته يا حلوتي.
دربي مَعكِ لذَّة أنتِ
كنتِ خياري جنَّتي
كان[186] عراكاً مع إلهٍ
من بدء كلِ خَلقةِ
كان خلافاً مع وجودٍ
حول تمام النعمَةِ
أين التمامَ الواعدُ؟
والقصفُ يُرعِب دارتي
لا دارتي وحدي أنا
قصفَ الدنُى والأمةِ

---

(182) حوار صديق لي عانى في فترة زمنية قصيرة من نوازل الدهر ضيقاً وغمَّا حيث أصيبت زوجته بمرض عُضال وهي لمَّا تزل صبيَّة شابَّة. بعد أن تألم لمصابِ أخيه د. نقولا فارس وأخته هيفاء من الداء عينه...

(183) قال: يعني الله.

(184) بختي: حظي.

(185) من هذه النعمة.

(186) كان دربي.

عيش الهَنا لمَّا يَتمْ
لمَّا يُلامس حارتي
ما زلتُ أحدو حافِيا
والشوكُ عبَّأ سلَّتي
لا آبهاً للقصفِ، أهفو
واعداً حبي، تمامَ اللذَّةِ
يا إلهَ الضَّرِ رُحْ
أعْرِضْ وأبعِدْ حسرتي
الوعدُ أن نُبقيها ماري
في تمامِ النِعمَةِ

2010-10-13

احمرّتْ خجلاً[187]

برعايةٍ دوليةٍ ووصاية، كلّف (أهلُ الطائف) الساعدَ الأصحَّ والأقوى في القاماتِ العربية، بالحضانةِ والوصايةِ للأخِ القاصر لبنان، للمحافظة على سلامته وصيانة مشاربهِ، كي يحبوَ سليماً ويتعافى نمواً، ويُعتنى بأرزاقهِ السائبة، وتُدارى خيراته المترامية، علّه يفضي إلى توازنٍ في مسيرتهِ المعوّقة، ويستقلُّ عن عكازَيّ الوصاية والمساندَة، فتنتصب قامته على زئبقٍ مارد[188] وترتفع هامته متحدّيةً الأعاصيرَ وصروفَ الدهر.

وبحكمِ (منطق) و(شرعيّةِ) الرعاية والوصاية، تطِلّ (هيئة الرقابة الدوليّة) تتفقدُ الراعي والرعية في الزمان المناسبِ لها فقط!! ـ طبعاً أثناء مغطسِ العراق ـ تُطِلُ لترى العجَبَ المشينْ، وتسمعَ

(187) أبصرَ الرشيدُ أبا نواس، وفي يده زجاجة من الخمر فسأله:
ـ ماذا في يدكَ يا أبا النواس؟ فأجاب:
ـ زجاجة لبن يا أمير المؤمنين.
فقال الخليفة:
ـ هل اللبن أحمرُ اللون؟ فقال:
ـ احمرّتْ خجلاً منك يا أمير المؤمنين، فأعجب الخليفة من بداهته وعفا عنه.

(188) مارد: مقاوم شريف.

المنكَرَ المهينْ، وتشمَّ ما للجسدِ النتينْ للشقيقِ القاصرِ الحزينْ!
فتخيّلوا المشهدَ (الرتيب) على مسرحٍ، أنحسَ معيبْ!!

رَعَـفَ[189] الـدم مـن جـوفـهِ ... لـكـأنـهُ فـي حـتْـفِـهِ
طـفـحَ كـيـلُ الـزمـان ... مـن تـآمـرِ قـومـهِ
مـن رأسـهِ لـجـنـوبـهِ ... أتَـواعـلـيـهِ وخـيـرِهِ
قـفْـرٌ، يَـبـاسٌ ظـهـرُهُ ... وكـذا بـطـونُ بـوادِهِ
جـفّـتْ خَـضـار وربـى ... غـارتْ مـآقـي شـواطـهِ
نـاداهُ يـومـاً ربّـهُ ... لـصـلاتِـهِ وصـيـامِـهِ
فـقـدَ الـدُعـا لـم يـسـتـجِـبْ ... فـقَـدَ الـمـنـى بـعـشـيـرِهِ
كـان عـظـيـمـاً صـمـتـهُ ... عـمّـا يـدورُ فـي خِـلْـدِهِ
لـم يـبـقّ بَـحـصَـةً ... حـجـرُ الـرَحَـى فـي فـمِـهِ
إلـى أن دعـاه شـقـيـقـهُ[190] ... لـجـنـازِهِ عـن نـفـسِـهِ
يـروي لـه تـجـربـةَ ... فـرحِ الـعـيـالِ[191] بـمـوتِـهِ
يـتـمـايـلـون بـمـجـلِـسٍ ... نـغِـمٍ بـهِ وجَـوارِهِ
رقـصـاً وشـربـاً قـائـمـاً ... ضـاع الـحـيـاءُ بـعـيـنِـهِ
مـن أرزِهِ وفـراتِـهِ ... مُـدّتْ مـوائـدُ نـحـرِهِ
إذْ فـوجـئـوا، لـم يـأبـهـوا ... مُـتـلـبّـسـيـنَ بـشـربِـهِ
خـمـراً، ومـاءً لـم يَـعُـدْ ... سـيّـان! فـرق احـتـسـائـهِ
لا فـرقَ فـي الـطـعـم أمِ ... الـلـونِ مـعـاً مـن جـوفِـهِ
مـن قـلـبِـهِ الـمـتـفـطِّـرِ ... بـاكٍ عـلـى أبـنـائـهِ
عـرقـاً تـصـبّـبَ، حـلـلـوا ... رشـفـوا دمـوعَ عـيـونِـهِ...

(189) رعف: سال نزف.

(190) العراق.

(191) العرب.

نوّاسُ هرونَ استحى، متستّراً من خمرِهِ!
أمّا هُمُ: لم يستحوا دفنوا (حقيقةَ) قتلِهِ(192)
كانوا مشَوْا في جنازِهِ في طمسِ كلِ حقيقِهِ
قاضي القضاة زوَّرَ أحكامَهُ لن تنتهي
باع الحياءَ لحاكم هلك الدُنى في (ظنِّهِ)(193)
قتلُ القتيلِ كشرْبَةٍ مهما علا في كُرسِهِ
وكذا الذي يتفرّد(194) لا ينحني في بيانه(195)
حاوٍ على أسطورةٍ خُطّتْ في حلمِ بنانِهِ
حمراءَ، يصعبُ قتلها كمنارةٍ في سيرِهِ
حاوي! أقولُ: من استحوا ماتوا! لِمَحْوِ إسمِهِ
هذا الوطن، متسيّبٌ هل عدلهُ في شنقِهِ؟
حتى يدوم معلّقاً جلاّدُهُ في إثرِهِ
جلادُهُ تعِبَتْ يدا هُ لوّحَتْ لحيائهِ؟
هل ينتهي قاضي القضا ةِ مُكاشِفاً عن حكمِهِ؟
أم نرقبُ القاتل بري(196) يُدلي خفايا جرمِهِ
أو يهتدي! يا بختَنا! ذاك العجيب في دهرِهِ!

---

(192) الهاء تعود إلى أبناء الوطن ومجازاً إلى رئيس الحكومة الشهيد رفيق الحريري.

(193) إشارة إلى القرار الظني لمحكمة لاهاي الدولية بمقتل الشهيد رفيق الحريري.

(194) إشارة إلى الشهيد البطل المقاوم جورج حاوي. والتفرّد: يعني الاستقلال في قرار المقاومة الوطنية عن كل وصاية.

(195) بيان رقم 1 إطلاق جبهة المقاومة الوطنية اللبنانية.

(196) بَرِي: غير متَّهَم.

اسمها بيروت

كـان الـوهـم أن تَـرقـى وتـعـلـو
فـي صـعـودٍ تـعـتـلي عـرش الـقـبَـلْ
تـكـتـمـل خَـلـقـاً وخُـلـقـاً زانـهـا
وهـجُ حـبٍ يـحـتـمـي مـنـه الـخـجـلْ
ضـاقَـت الأحـلامُ ذرعـاً نـهـضـتْ
تـنـفـض الأوهـامَ عـن هـذا الـجـدَل
أمـة الـحـرفِ عـروسٌ، وجـهـهـا
نـوَّرَ الـشـرقَ وغـربـاً فـي عَـجَـل
اسـمـهـا بـيـروتُ قـالـت لـلـدنـى:
هـا أنـا الـتـاريـخ أحـكـي، لـم أزل
تـعـتـلـيـنـي دائـمـاً حـرّيـتـي
يـسـتـوي الـلـهُ عـلـيَّ والأزل
أغـسـل أقـدامـي فـي بـحـرٍ نـقـي
غـارَ مـنـي الـشـطُ والـرمـل اغـتـسـل
لـوَّحـتـنـي الـشـمـس فـي وجـنـاتـيَ
قـبَّـلـتـنـي فـي بـقـاعـيَ والـجـبـل
لـو رآنـي يَـعـربـيّ مـسـرع
أوقـفَ الـلـهـف، عـن الـغـربِ اعـتـدل

يــســأل الأحــلامَ عــن أمٍ لــه
حــلَّ فــي أحــضــانــهــا ثــم اعــتــزل!
أنــكــرَ الــبــدوُ عــلــيــهــا ثــوبَــهــا
فــســتــانــهــا الــحــرَّ، وأيــضــاً مــخــتَــزَل
هــذهِ أمّ تَــبــاركَ بــطــنــهــا
آلــهــاتٍ ولَّــدَتْ بــعــدَ الــحــبــل!

عدْ إلى بيروت

وأنا أيضاً هصرتني[197] هجرة الأدمغة، وعصرني الدمع لهجرة ولدي! ناشدته لحظة ترحاله، أن يسائل المسافرين ولا يزاحمهم، بل يوضح لهم بأن مكانه ليس هناك بينهم... سفره ليس وحيداً بمفرده! ومجرداً!عدَّته في حقيبته يحشر فيها آهاتٍ ودموعاً لوالدٍ، هي ليست نتيجة هجرة فلذة كبده بل فلذات وطن ينزف ويهتزّ.. همّ الوطن جرح كونيّ مصدره بعيد وقريب. الأبناء يهاجرون إليه ينزف ساعة فساعة يلوي ظهر الآباء والأمهات، من وجع متنوع يبدأ برموشهم وعيونهم، يرافق أبناءهم بتجوالهم وسعيهم للعيش والتحصيل بين الولايات لغايات وغايات، ولا يزال دم هذا الجرح يرعف إلى أن يعود الأبناء إلى بيروت فتشفى.

إسألِ الركبَ يا ابني — هل هنا حقاً مكاني؟
دُسَّ قلبي في الحقيبة — يحشر بعضَ المعاني[198]
كومة الآهاتِ فيهِ — أول الغيث وثاني
لا تقلْ أفّ! نزارُ — جاهز مثلَ الثواني
أعصرُ آهَ الدنى — لا تقلْ عني أناني
فِيَ همٌّ عالميٌّ — عن جناياتٍ وجاني

(197) هصره الركوع: ثناه ولواه.

(198) في حقيبة سفر نزار ابن صاحب الديوان.

جـوره[199] أمــن وفــوضــى — راح فــيــهــا بــالــعــنــانِ
بــيــن خــدَّيــكَ أنــا — بــيــن رمــشٍ أو بَــنــانِ
أرفــع الآهَ ثــقــيــلاً — أغــمــرُ كــل الــحــنــانِ
تــعــبــرُ فــيــك وفِــيَ — قــبــلاتٌ مــن زمــانِ
بــيــن بــيــروت وأخــرى — صُــرَّةُ الــهــم تُــدانــي[200]
مــن ولايــاتٍ أراهــا — غُــربــة مــن مــجــدِ زانــي
خــذ جــفــونــي تــحــرس — أيَّ مــكــروهٍ تــعــانــي
خــذ رمــوشــي يــحــتــمــي — بــؤْبــو جــفــنــيــك دعــانــي
مــن حــضــاراتٍ تــبــاهــى — الــذلُّ فــيــهــا بــالــلــســان
عُــدْ إلــى بــيــروت يــا ابــنــي — بــعــض مــا فــي الــغــرب فــانــي

---

(199) الهاء في جوره: تعود إلى الجاني، صاحب نظرية: الفوضى المنظمة.

(200) صُرَّة: حقيبة المشرد.

من زهيراتِ الحبَقْ (201)

كان نسيماً متوسّطياً، يحملُ عبقاً وندى قطراتٍ قطراتْ. . .
يمر مُشبَعاً بالحب والشوق متَثاقِلاً يداعب رموشاً فتراتٍ فترات
وجراراً عسلاً وورداً
يخترق الأسرةَ فرداً فردا
تختزن الصدورُ منهُ ودَّا
دعته الجدة قالتْ(202)
برِّدِ الألبانا وانعِش
ما في أحضاني نزار يشبه الالبان يشبه
ما كان لولو
ثم غار اللولو أحيانا
كلها كانت لبانا
ها نزار زاد في السحر كيانا
لبياض لفَّه القلب حنانا
يمزج الروح ألبانا وأجبانا

---

(201) من زهيراتِ الحبق: نزار ابن صاحب القصيدة.

(202) دعت الجدة نسيم البحر المتوسط كي يبرِّدَ الحليب الساخن حتى يشرب نزار منه.
كانت جدته مريانا تناديه: يا لبناً وجبناً لبياضٍ في بشرته و قلبه

وإذا استوى على عرش فلقْ[203]
نادته أمي انتبه: جبناً طبقْ
يحيا منْ سمَّى نزارا
ينتعش ليلاً نهارا
من نسيماتٍ سكارى
أو شجيراتٍ حيارى
تستعير منه ظرفا
لا تزيدنَّ حرفا
إلا ما غذَّته يوما أوكسجين
لكن نزارا بعد حين
ردَّ تسعا فتسعين
في كل شيء قد سبقْ
أشبعْها[204] عِطراً من عَبقْ
اختلطَ[205] علينا شعاعاً كونياً مراتٍ مراتْ
كدنا لا نفرّقهُ عن الضوء في المنحدراتْ
نستعيرُ منه بؤبؤاً وحدقاتْ
فنرى ما يرى في المجرات
نسافر بعينيه الحلوتين
نهجرُ الوطن في الدقيقة مرتين
ونقول الآهَ آهَين
كرمى عينينِ عسليَّتين

---

(203) إذا أتته أيام بيضاء سيتطابق لونه ولون الدرِّ بين يدي جدته.

(204) الها: تعود إلى الشجيرات الحيارى.

(205) اختلط: المقصود نزار.

تعبران الدمعَ، والقلبُ خفَقْ
في محيطٍ تاهَ في ما قد خنقْ
ما كنت أدري أنَّ خنقَ الكلماتْ
في عروقي صار حصنَ الذكرياتْ
إن سرقتَ البدرَ يا ابني لساعاتْ
لا تطلِّقني أسيرَ الظلماتْ.
إن شربتَ وارتَويْتْ
أنا عطشان في بيتْ
نَضَبَ ماء وزيتْ
لا أرى في ما رأيْتْ
إلاَّ هَجْرَ ما ارتأيْتْ(206)
لا ولا الريحُ عَبَقْ
من زُهَيراتِ الحَبَقْ
ها نِزارُ كلُّ ما اللهُ خَلَقْ...

(206) هجر ما ارتأيت: هجر أفكار السفر...

لماذا صمتَ الكنار؟

أبحِرْ، فديتكَ عُدّتي
لذراعِ أمي ضيعتي
ضجَّ النشازُ ههنا
من بعدِ بُعْدِها أرزتي
أين الحنينُ كناريَ؟
أين الحَكايا حُلوَتي؟
أين مَداها همسةٌ
هزَّت شراعَ الرحلةِ
نامت! وحلمها لمسة(207)
وغَفَتْ في عزِّ الفتنة!
أهفو إليها بقبلةٍ
يا فرحتي بالرَّجعة
أبحِرْ، فدَيتكَ عدَّتي
عُدْ، لحبيبتي وهويَّتي
هجرَ الجميع ربوعها
من رُضَّعٍ إلى جدتي
حمل الشباب رسالة

---

(207)   حلمُ الهمسة، لمسة.

لميناء حلمِ قضيَّتي
شدّواعلى متن السفينة
حَيْرةً من حَيرَتي

يا مركباً تعبَ الهوى
من ضيقهِ في حُجرتي
لولاكَ ما ذبُلت زهورُ
الياسَمينِ في حارتي
أنت الذي حجزَ القلوبَ
ونورَها في الغربةِ
مالي أراكَ مضَيَّعاً
كحمامةٍ في دارَتي؟
أبحِرْ، فإنَّ تلوُّثاً
مازال يعلو حبيبتي
لنعيدَ صَفْوَ سمائنا
وقلوبنا للألفَةِ
فلقد أطلتَ راسياً
أطفىءْ أوارَ شهيَّتي!.
صَمَتَ الكنار في ضيعتي
فعساه يصحو بعودتي...

لقاء

إلى (دِيرتي) في عكار، دُعِيتُ
وعلى أحبَّتي حلَلْتُ،
ومع تنوُّعهم في (إبداع) تحاورتُ.
تناقشنا في الأدب والفن والسياسة.
وعلى حدود الاعتدال الوازنِ وقفت.
مع تدفق خيراتِ النخبِ واعدْتُ
تشاورنا، وأذكر في أول لقاء صرختُ:
يا أنوارَ أمتي إلامَ الصمتُ؟
والجهلُ يَحبو، مع الطفل ينمو، ألا سدّوا نَفاذَ العَتمِ عنه
وأنا العجوزُ كفيلٌ له بالصَّحوِ على سِراجِ إبداع لأني أشهدُ
بأني ما قبلها كتبتُ وما بعدها نهضتُ وأبدَعتُ!.
تحت شعار الفرح نسيرُ نُسَرُّ
تُرانا ندبُّ في ديجورٍ؟ أم تُرانا نُجَرُّ
لا أنا، يا معشَرَ الحَرف أخرُّ
أتسوَّل على أعتاب الزَّعيمِ وأنتمُ
لا، لأصنام الدمى أقول وأَصِرُّ
ولا الطفلُ الرضيع في دُجانا يمرُّ
يتلهَّى في ظلام رغبةً منه
ولكن، من تولَّى الأمرَ دهراً يستقِرُّ

فوق أنفاق لِشعبي لا يَمَلّ
يمسك قيداً لطفلي وهْو حرٌّ
يُحرقُ وَجناتِ أمي، تكفَهِرٌّ
كيف لا أسأل أسائِل من تولَّى ويُضِرُّ
من تولى ونُسَرُّ
في ابتداع أبجديَّاتٍ له، إلامَ؟
يا معشر الحرفِ إلامَ؟
يستمرُّ!!!

الأمَ؟

ومع الغَزِلين

ولمرَّةٍ

أشموخٌ يُرى أم غشاءُ
لموج أزرق هزَّني أم صفاء؟
تمشين والأوركسترا تشدو
ما أمدحَ ما دبَّج الأدباء
يا كوكباً في الكون غنَّى واغتنى
يسعى إليه يهتدي الشعراء
كلٌّ يسافر وأنا في حلم غادتي
أصنافٌ تهافَتُ راحوا وجاؤوا
يا من شغلتِ الساح منكِ تعطَّلت
أعمالنا يكفي بنا همٌّ وأعباء
أوَتدرين تحقق ما طلبتِ
من نداء كان منكِ ودعاء
صحَّ فيكِ السحرُ واستجيبَت
مُعجِزاتٌ حاك عنك الحكماء!
درَّة الخَلقِ اسمعي
ظاهرٌ أنتِ قضاءُ
قدرٌ لأجيالِ زمانٍ
إنعمي! ألفٌ أنتِ وباء
عبقٌ منكِ وعطرُ

لف دنيانا وزهر
يتفلَّتْ
يتنوَّع منكِ
يصبو يتوزَّع
كيف لا يروي عنكِ أنبياءُ؟
أوَ بخورٌ يجول أم شذا
ياسَمين الروض فتَّح؟
قد فهمنا!
بيلسانٌ عبَّ حُسنا؟
قلنا سحرا!
سيطولُ قُرصَ نجم؟
قد شهدنا! قد شهدنا!
أم ترى هو من مرايا نوَّرتْ
كوناً، أم ترى أنتِ سماءُ
إي سماء! بان منك النهدُ عرْيا
يتجلّى عنفوان أو ضياءُ
يتشاوف.. رغباتٌ وإباءُ
أنا لا أفهم لماذا أنتِ جئتِ؟
أنتِ ياحسناء أنتِ أنت لغز أم غطاء؟
والغطاء إنْ هو إلاّ ما ينجم عنكِ
باختصار أنتِ واللغز سواءُ!
دَسَمُ الوجهِ يقضُّ
مضجع الشوق يعَضُّ
يوقظ نِعماتِ شعبي
ترتوي ممَّا في قلبي

تهتدي بغريزِ دربي
تلتقي نِعْماتُ ربي
نعمةٌ منه ومني
دَسَمٌ منه يأتي ورداءُ
وبه يرضى وينعم فقراءُ
أنتِ منهم درَّتي
ألله يعلمُ غايتي
رحمةً أسعى إليها رحمتي
غايتي منكِ رجاءُ
بعضُ ممَّا طلبتهِ
ممَّا للهِ نداءُ
فاستجيبَ ذا الدعاءُ
ما نعِمهُ الأثرياءُ
فإذا بيني وبينكِ أغنياءُ
قد تحقق ما طلبتِ أن يلبّي
الحلا مُلك يُديكِ
فاجملي منه وعُبِّي
قلت هذا سحرُ ربِّي
هو حبي وجه عشقي
اسقني هاتِ وصبِّي
لم يعدْ ليَّ دواءُ
لم يعدْ فيَّ حياءُ. !!
وإذا لم تسقني ولمرةٍ
فإلامَ فيكِ تُحصرُ الآلاءُ؟
وإذا جعلتِ السوءَ فيَّ قضيةً

فأنا المعنِّف سحرَكِ والداءُ؟
ولمرةٍ ما كنت يوماً ظالماً
آدميٌّ الهوى أنا حوّاءُ
ولمرةٍ أتذوَّقُ ها أكتفي
ما همَّني عُريٌ أنا وعراءُ
آتٍ أسوِّي ما فَعَله قاتلٌ يقتادني وهْمٌ وحيدٌ عزاءُ
آتٍ أساكن ما تكوني راضياً
لو عزَّني نهدٌ لو عزني ماءُ
هيا اسكبي ولمرَّةٍ ما أشتهي
فجهنَّم آتٍ وراح الحياءُ

شفتاكِ

شفتاك ثمرٌ في التين مُعَسَّلُ
متى وكيف يينع و يُحلَّل
هذا رَهن في حبيبٍ ضمَّكِ
متى يُضرِم ثم كيف يُشعِل
أما أنا أسكن هذا الذي
يطيبُ في كل الفصول ويؤكَل
آنَ الأوان لا تتركيهِ سائباً
من أوقد النار لا يدعه يذبل
قلت لكِ هذي الثمارُ قاتِلة
تقتل الصبرَ! إلام تُهمَل؟
إمَّا فعلتِ، غصنها لا يحتمل
لا يحتمل غصناً بليداً يفعلُ
غصن بانٍ في أوانه يخصب
يتدلَّى منه غَنجٌ مذهِل
لا يحتمل ثقلَ انتظارٍ ظرفه
ها يشتعِل فيَّ أنا، يتأهَّل(208)
فلحاله يتعشَّق متلهِّفا

---

(208) يتأهل بي: بالعاميه: يرحب بي.

لا أعلم كيف يُحَلُّ وينزل
يا للثمار مذاقها وألذّها!
شفتاكِ!
يحلو صباغها وصنيعها

أغناكِ عني خالق
زمان (الفِجِّ)(209) شرها
أيضاً حماكِ فترةً
مني رعاك سحرها
إلى فترة مناسبة
إلى لحظةٍ أشتاقها
تصرخ تنادي أصابعي
حان أوان قطافها!
شفتاكِ بفصليها
شتائها وحرِّها
العليا: طريةٌ نديَّةٌ شهيّة
والسفلى تنادي أصابعي
لأنزع عنها الملساء أحمرها
وأعرضَ للأخرى
تمعن ضخاً لذيذاً
من جنى روحي
أنا من روحي أسقيها
أغذيها وأرشفها

---

(209) ثمر فِج: لم ينضج.

خيرات(*)

لأن المهاجِرَ عاملٌ وهذا العشاءَ الممَهرَجَ عشيَّةٌ ولأن العشيَّةَ أولُ أيار ولأن العامل هو المعبقِر الصانع هناك يقف، والحياة يمدنا بها، على طاولتي، وبه فقط مُدَّتْ لكم ولي لقمة، فالخيرات تلفه من حوله! ويتضوَّر! يبحث عن ولدي يشكو ويعبر معه، يعبر بالحزن إلى أفق آخر ووطن آخر. فاللقمة العشية، هو وهْيَ القضية. وتسألون كيف يسافر! لِمَ وكيف يهاجرُ؟

... وهو يوضِّب أشياءه في حقيبة للسفر والاغتراب، اهتزت مشاعر الحزن والغضب في والده المقعَد فبادره معاتباً:

وتنسى ثروة الأهل؟
وخيراتٍ، جنى، سكر؟
تلذَّذ فيها محتكِم
ولا هم لنا أكبر
سوى تمرير ما خطَّ
نبارك ما هوى الخنجر
تَلَذَّذَ، فرَّغَ التربَ
وعدل صامت يقهَر

(*) ألقيت في مجمَّع لاس سالیناس السياحي في عشاء أول أيار، عيد العمال العالمي.

تواری أنت توقظه
إلامَ ضَعفكَ يظهر
فنحن يا ابني من نحن؟
صحيحٌ للعصا مَكسَر؟
ننازِلهم وننهَزِمُ
لعيشٍ منا في المهجَر؟

وتنسى ثروةَ الأهلِ مبَعثَرةً
لِظلاّمٍ، ما بين يابسٍ أخضر؟
أتَوْا على العشاقِ، مَعْبَدِهِم
راحوا، وأنت أولُ عنترْ
أناديكَ! وأدعوكَ
لشعب أرضهُ أطهَر
يرى الغدْرَ يصافحهُ
يرى الغدْرَ فلا تُغْدَرْ
يرى الذئبَ يُداعبهُ
يُدَغدِغهُ، ولا يَضجَر!
صحيحٌ أنه يفهم
نيوب الوحشِ لن تغفَر
ويفهمُ أن ثروتَه
في بطن الغول قد تُهدَر
غريبَ الطورِ يا وطني
إلامَ تهوى من أبحر؟
لأجل الخبز؟ لا وَلدي
وأنت الغَلُّ والبيدَر

يبوحُ الصخرُ للأفقِ
بأكداس من الصّعْتَر
فها الريحُ تُخْبِرنا
فكَم مرّتْ على مَرمَر
على كوَمٍ من الطّيبِ
على ماسٍ ولا أندَرْ
على هيفاء تقتلني
شفاهُ المِسكِ والسّكَّر
على عجَلٍ تقبّلني
لِيهوى القلبُ في المحْجَر...
فها ساق منَ العاجِ
ندى الصبحِ، عَمَى أبصَر
وها زَنْد ينَعْنِشها
حياء فيهِ لا يظهَر
يضمُّ الساقَ للساقِ
يَرومُ العالَمَ الأَحمر
يقول لي: هنا سَفَري
حصانٌ ماردُ أسمَر
يُحيلُ الحبَّ مُلْحَمَةً
عِراكاً، أعذَرَ من أنذَر
يفيضُ أنهراً زَرَعتْ
بذورَ القِحْطِ لن تبذر
تنَعَّمْ! أنت في نِعَمٍ
واعبرْ حيثما تَعْبرْ...
و ضُمَّ الصَّدرَ للصَّدرِ

بخَنصَرِ منكَ أو بَنصَرْ
فذا الحبُ في أمريكا
في باريسَ ومانشيسْتَر
وأيضاً عِندنا حبٌّ
لذيذ عندنا أكثَر
نعيمُ اللهِ من حولِك
فأنت الخيرُ والبندَر
فإنْ أغْوَاكَ ذا الغَربُ
وذا الرِزقَ لم تَخْتَرْ
وأعمى عينَكَ شيءٌ
على إقناعِكَ أقْدَر
حبيبي! لا تُوَدّعني
قرارك هوَذا الأخطر
فيا ولدي ويا سَنَدي
حماكَ الله من معشَر
إذا لم ترضَ في هذِه
فتلك عندنا أحقَر
أنا لا أنحو منحاك
باقٍ هنا ولن أخسر. . .

مَصَّة![210]

كان يدخل مقاصير الخلافة بإذن ويسر، بين جاهٍ وحرمٍ،

---

(210) أحسَّ هرون الرشيد في نفسه انقباضاً، فذهب لمقاصيره بين الحرم، وأرسل في طلب أبي نوَّاس، فلما دخل عليه سلَّم بالخلافة، فأومأ إليه الخليفة بالجلوس، فجلس ثم أمر بالشراب، فلما قدَّم بين يديه، ابتدأ الخليفة يسقيه حتى انفتحت شهيته، وطابتْ نفسه، ودبَّتْ في رأسه حرارة الخمر، فقال: يا أمير المؤمنين إن المدام من غير طرب لا لذة له، فقال الخليفة: صدقتَ يا أبا نواس، ثم أرسل في طلب جارية من المغنيات ومعها عودُها، فلما دخلت عليهما، لمحها ابو نواس، فإذا هي ميساء القدِّ، حسناء الشكل، جميلة الوجه، تستلفت الأنظار بجمالها الباهر، وقد ارتدت ثوبا أزرق، زادها حسناً على حسن، وظرفاً على ظرف، فارتاع من هذا الجمال المفرط، وأدهشته ملاحتها الخلابة، فأنشدَ شعراً، ولما فرغ منه، قدّمت الجارية الشراب إلى الخليفة، ثم أخذت العود بيدها وأنشدت فطرب الرشيد طرباً شديداً وأمر الجارية بإكثار الشراب على أبي نواس حتى لعبت الخمر برأسه. ولما ناولته قدَحاً أخذ منه مصَّة وأبقاه في يده، فأمر الرشيد الجارية أن تأخذ منه القدَح وتخفيه في حجرها، ففعلت ذلك.. وما كادت الجارية تخفي القدح حتى هبَّ الرشيد واقفاً وامتشق حسامه، ووكز أبا نواس بطرفه ففتح عينيه، فأبصر الخليفة واقفاً والسيف مصلّت غلى رأسه، فطار سكره، وعاد إليه صوابه، فوقف بين يدي الخليفة خاضعاً ثم ركع على قدميه وقال: عفواً يا أمير المؤمنين، هل حصل مني ما أغضبك دون أن أشعر؟ فقال الخليفة: أنشدني شعراً وأخبرني فيه عن قدَحِك وإلا ضربت عنقك فقال أبو نواس مرتجلاً: يا أمير المؤمنين:

=

متسلحاً بقريحةٍ فذّة ورضى كل ما في البلاط ـ إلا هموم العامة ـ كان الشاعر ينأى عنها. . . لا مثيل له في عصرنا إلا الوزير المحظوظ الذي يوهَب وزارة، يدخل هذا الأخير إليها ولا يدخل قلوب الناس. كان الشاعر الذي يحظى برضى الخليفة يمر بالتجربة القاسية التي يتأهب (لقطوعها) كأنْ يهانَ ويمرّغ جبهته تحت أقدام أوامر ذوي الشأن في مقاصيرهم وفي طيّات بطانتهم من جوارٍ وخدم وغانيات، إلى جانب طاعته العمياء وتسلحه السريع بدهاء وفطنة كي ينجوَ من مطبات الديوان وينفذ بريشه وبحصته وهديّته. الحصة أو الهدية أو (المصة) في دواوين العصور السابقة، هي ذاتها في إدارات ومراكز السلطة ووزارات عصرنا مع فارقٍ لا يتعدّى شكليات الحضاره وتنوّع الحكام. . . فالوزير في دولتنا، لا فرق بينه وبين أبي النواس في دخولهما وحظوتهما بالحصة في الوزارة أو الديوان، كلاهما ضعيفان وأسيران لوليّ النعمة. في لغةِ واحدِهما كلمة (مولاي) أو (نعم سيْدي)، هي جواب دائم، وإن قال: لا ، جاء حسابه عسيراً إذا قال سيّده: بلى. خذْ وظيفتك وانبطحْ أرضاً وسبّحْ باسم وليّ نعمتك في القصر أو الديوان أو الدولة التي رعتْ هذه الحظوه. أنشدني شعراً وأخبرني عن (قدَحِك

= قصَّتي أعظم قصَّهْ — صارت الظبية لصَّهْ
سرقت كأس مدامي — وامتصاصي منه مصَّه
سَتَرته في مكانٍ — في فؤادي منه غصَّه
لا أسمِّيه وقاراً — للأمير فيه حِصَّه

فضحك الرشيد ثم أغمدَ سيفه وقال: قاتلك الله! من أين علمتَ ذلك؟ أجاب: بالبداهة.. عندما لم أجد الكأسَ على الخوان. فقال الرشيد: قد قبلنا منك ما قلت، ثم أمر له بهديةٍ ومالٍ وصرفَهُ. (ظرفاء العرب، 11/ 46)، دار ملفات.

لأبي النواس) أو عن وزارتك شبيهةِ القدَح، كيف تمصّ الخير منها؟ أخبرني عن هديّتك، حرّرْ تقريرك عنها إن كانت وزارةً للأشغال! أو للدفاع! أو للصحّه! أو... أو... قلْ:

قلْ لنفس المير أن تصبرعلى
ما ألمّ الدهر فيها من بَلا!!
ساعةٌ مرّت، - حرام قلبهُ -
في أمور الناس أن ينسى الحلا
في مقاصير النِسا؟ تبقى له
أولى في الدنيا!حلولا من صلا
قم أبا النوّاس علِّمني الهوى
جارياتٌ تعتلي عرشاً علا
ما مصصْناها كؤوساً حرِمتْ
مصّةَ الحكمِ غنيّ حلَّلَ
من زمانٍ، لم يعد في قصرنا
شاعر يحكي وفَحش يجتلى
قصرنا في عصرنا إحرامنا
أن نصون العرشَ أو أن نرحلَ
لا يدانيه رقيب سائل
ما بهِ إن عاهرَ أو عدّلَ
حصّة أو مصّة شأن له
فارز إرثاً، يحاصِص ماغلا
إرث عهدٍ من هرونٍ طامعٍ
(تلك له) منَ قال لا قال: بلى
مهرجان ضجّت الدنيا بهِ
من إداراتِ (هدايا) تعتلى

خذْ، (ألو) هذي الوزارة يا صغير[211]
قم بصمت للأيادي في الفلا
لا تقبّلها وقوفاً راجلاً
انبطح أرضاً وسبّحْ قائلا:
يا إلهي أنت (جاهي) دمْ لنا
خادماً كنتُ أنا أم نادِ لا
هكذا (الأشغال)[212] (صحّة)[213] ممتعة
والسياحة[214] سلَّةٌ هل تجهلا
(والدفاع)[215] الهادئة والخاوية
يشتهي فيها وزيرٌ قنبلا
تنفجر من إستِه ما همّه
أن يطيبَ الريحُ أو أن يعدلَ
إنْ هو إلا وزير مرعِب
يوقع الفأرَ قتيلاً مقتلا
حصّة أخرى تقوّي فارساً
ذاق طعم (الداخليّه)[216] عسلا
قبّل الأكمامَ، فاهاً مصّه
وكذا السترَ المخبّا سللا

(211) أو يا حقير (زمن الوصاية).
(212) وزارة الأشغال.
(213) وزارة الصحَّة.
(214) وزارة السياحة سلة فارغة.
(215) وزارة الدفاع.
(216) وزارة الداخلية.

هـــا وزارات، إدارات تـــهَـــبْ
نـــادهـــا كـــأس إلـــيـــهـــا عـــجّـــلَ
هـــاتـــهـــا عـــريـــاً[217] تـــغـــنّـــي عـــرســـنـــا[218]
جـــاريـــاتٍ، مـــوطـــنـــي هـــل تـــحـــمـــلَ؟
إن تـــحـــمّـــلـــتَ الـــرزايـــا، جـــيـــلـــنـــا
شـــابَـــه شْـــيـــبٌ[219] وعـــصْـــراً بـــدّلَ

(217) عُرياً: فارغة من الأموال.

(218) عرسنا: عرس توزيع الحقائب الوزارية والإدارات.

(219) شيب: شاخ جيلنا وأتعبك يا وطني، بدَّل عصراً فقط وأبقى على (مصة القديم.

فركاه

إلا..... عطش[220]

(220) يروى عن زوجة الشيخ رشيد الخازن، أنها أرسلت خادمها إلى العين ليملأ لها الجرّة وكان المكان يزدحم بالنسوة فحاول الخادم التقدم بينهنّ ليسرع في عودته فانتهرته إحداهنّ قائلةً: ـ (بالدور يا شب)!! فلم يأبه لقولها، فأمسكته من كتفه وهزّته قائلةً:

ـ (عمبحكي معك، ارجعْ لورا). فدفعها بيده محاولاً صدّها، فما كان منها إلا أن كسرت له الجرّة، فذُعِرَ الخادم وقال لها:

ـ (فتّحي عينِك منيح ويكون بعلمِكْ انك عمتحكي مع طانيوس!)

فأجابته ساخرةً:

ـ (طانيوس؟ هَه! عقفايي ما بِعَلّقْ!).

فامتعض وقال:

ـ (أنا خادم الشيخ رشيد الخازن)

فأجابته:

ـ (وعَ... ما بِعلّقْ الشيخ رشيد!)

فتضايق الخادم كثيراً، ولكن ما العمل مع امرأة؟

لذلك عاد فوراً ليخبر سيّده بما حصل، راوياً له الحديث حرفياً كما جرى، فما كان من الشيخ إلا أن أرسل في طلبها، ولما وصلت إليه، سألها:

ـ (شو قلتِ لطانيوس يا ستْ؟). فترددَتْ، ولكن بعد أن ألحَّ عليها، نقلَتْ الحديث حرفياً كما حصل، وما كادت تنتهي من حديثها حتى قام الشيخ وصفع خادمه قائلاً له:

"يا لئيم! أنا وأنت جيران... الباب عالباب.......... ومانّكش راضي؟

راجي الأسمر، الطرائف الشعبية اللبنانية، جروس برس طرابلس، لبنان 1986، ص41.

أرفع إليكِ ذكاءُ[221] تقديراً وابتساماتٍ وضحكات، كمن يعشق هذه الحكاية. . . في النهاية!

أنحني أمام أشيائكِ أيتها المتمردة الطَموح! أيتها الحديديّة الجَموح! أنحني أمام أشيائك المستحيلة المتراكمة كوهن السنين، غلافها حديد وبارود، جوفها عطش وجوع، في حينه شيء طبيعيّ، مُختصر ومعتبَر، يكتفي بالردِّ منفجِراً يصل بوضوحه وتمرّدِهِ إلى مستوى الوقاحة والسفاهة، حيث هناك يدقّ باب مقامات اللياقةِ للوجاهة والإقطاع وأدبياتهما! مَلَكتِني يا من سحرتِني بتحطيمِ ماء الحياء في وجهِ الشيخ وخادمه سحرتِني يامن ملكتِ مَلكَة الحق في عالمِ العطش والإقطاع! ونزعت من قبضة الشيخِ هيبته ورهبته، وحَمَلتِه متظرفاً بِعَذْلِهِ وقهَرتِه (مُتمسخِراً) من ذاته، وعلّمتهِ التواضع في طرفتِهِ، ينتصب مقهقهاً من خفّته مسفهاً لهيبتهِ، مقِرّاً رغم أنفهِ ولا أنَفَتِهِ بحرمة حق المحروم ورعيته، وزوّدْتِنا بضحكةِ العمر وحكمة الدهر وأتحَفتِنا بتفكّهِ ساسةِ القهرِ على موائدِ الفجور والعهر، يقطفون السنابل الطريّة، في مواسم العز الهنية، يتدللون على الزمان والقضية، بنِكاتِ العدلِ والظلم يتحايَلونَ لحلال العذارى بسلاح العيال والإمارة.

صوتكِ الطالعُ يروي كلّ عطشان ويروي[222]
قصةَ الشرْبِ حَكايا من ينابيعَ وتَحوي
ظلماتٍ لِعَذارى جئنَ دربَ النبعِ تغْوي
سادَهُ[223] سلمٌ وحرْبُ من جرار العينِ تنْوي

(221) ذكاء: اسم الفتاة التي تصدّتْ لخادم الشيخ رشيد الخازن.

(222) يروي: يحكي، يقصّ.

(223) ساده: الهاء تعود للدرب.

لـكـن أن تـبـلَّ الـريـقَ[224] جـاء صـوتٌ جـاء يـعـوي
مـن غـلام الـشـيـخِ يـزهـو ظـنَّ أن الـعـزمَ يـلـوي
مـن صـداه نـاسـيـا أن صـوت الـحـق يـدوي
صـوتـكِ الـحـقُّ عـالـي يـا ذكـاء فـي الـعَـلالـي
يـروي ظـلـمـاً وحـكـايـا عـن عـطـاشٍ فـي الأهـالـي
حـيـث مـاء الـنـبـع حـلـمٌ يـتـراءى فـي الـخـيـالِ
بـوركـتْ يـمـنـاكِ صـنـعـاً حـيـن دلّـتْ بـالـحـلالِ
عـن مـكـانٍ قـد يـلـيـق الـيـوم فـي أحـسـنِ حـالِ
أو زمـان الـقـهـر لـمّـا عـيـشـه والـمـاء غـالِ
عـن وجـيـهٍ عـن أمـيـرٍ لا يـلـيـق بـمـقـالِ
حـلَّ فـي إسـتٍ ودبُـرٍ أو فـي فـرجٍ لـلـبَـوالِ[225]
لا يـؤثِّـر، لا يُـعَـلِّـق[226] راح مـن فـكـرٍ وبـالِ
إلا جـوع إلا عَـطـش مـن عـهـودٍ وخَـوالِ
لا يـزولانِ كَـدَهْـرٍ بـاقـيـانِ بـالآمـالِ[227]

---

(224) تبلّ الريقَ: كناية عن ارتشاف المياه بالقليل الذي لا يروي العطشَ.

(225) للبوالِ: من البول.

(226) لا يعلّقْ: لا يؤثّر، لا يهم.

(227) بالآمال: بآمال زوالهما.

حلال... وحرام[228]

أم أولادي اتـــركـــيـــنـــي   أعــشــقُ مــن غــيــر ديــنِ[229]

---

(228) يروى أن بدوية دخلت على الشيخ رشيد الخازن في منزله تطلب حسنة، فأعجب بجمالها، وطلب منها أن تخدمه في البيت فرضيت، وكان عنده خادمة تحب الشيخة كثيراً، ومع الأيام لاحظت الخادمة أن سيدها الشيخ يغازل البدوية، ويلاطفها ويختلي بها من حين إلى آخر، فأعلمتْ سيدتها بالأمر، (فلعب فأر بعبها) وأخذت تفكر في حيلة تثني زوجها عن مثل هذه الأعمال التي تحط من قدره وقيمته... فاستدعت إليها البدوية في يوم كان الشيخ فيه منهمكاً في تصريف أعمال الناس في قائمقامية جونيه وطلبت منها أن تختبىء في إحدى غرف البيت ولا تبرحه، إلا إذا طلبت منها ذلك، مهددة إياها بالطرد إن لم تفعل فرضخت البدوية للأمر. وفي الحال أسرعت الشيخة إلى القبو بعد أن أوصت الخادمة الأولى بأن تقول للشيخ عند عودته بأن الشيخة قد ذهبت لزيارة إحدى نسيباتها وأنها سوف تتأخر. ولما عاد الشيخ وأخبرَ بغياب زوجته ارتدى (غمبازه) وتوجه إلى القبو بخطى وئيدة منادياً همساً: (زينة! يا زينة!) فأتاه الجواب همساً: يا هلا بالشيخ! تفضّل. ودخل الشيخ وسط العتمة، وكان ما كان مما لست أذكر. وما أن انتهى وهمّ بالرحيل حتى سمع صوتاً يقول: (بحياتك يا شيخ رشيد، شو الفرق بيني وبين البدوية؟) فتعجب الشيخ وقال: (أخ! عملتيها يا لبيبة! فقاطعته قائلة: أنا عمأسألك شو الفرق بيني وبين البدوية؟) فأجاب: (ما أبشعِكْ بالحلال، وما أطيبِكْ بالحرام!)

ـ راجي الأسمر، الطرائف الشعبية اللبنانية، جروس برس، طرابلس لبنان، 1986، ص 46-46.

(229) دين: طريق، مسلك.

مـرةً، مـثـل رشـيـد[230] بـيـن خـائـن وأمـيـنِ
إن هـذا مـسـتـحـيـل أعـلـمُ عـلـمَ الـيـقـيـنِ

أغامِرْ! دعيني أسافرْ، مرامي
أحدِّق، في لحظِ عيونٍ وغرامي
ألاعِب كطفلٍ، حروفَ الجمالْ
أغامِر، عسايَ أرومُ الكمالْ
في رِمشِ غزالٍ ولحْظِ دلالْ.
دعيني أسافرْ مرةً واحدةً من دون عينيكِ
ألامِسْ بأنامِلي غيرَ شفتيكِ
وأهمسْ قليلاً في غيرِ أذنيكِ
أسَمِّ الخيانة: حلالَ الدلالْ!
أسمِّ جموحي: ذليلَ الخيالْ!
أسمِّ الطلاقَ: بأبغض حلالْ
نَزيلَ الهوى في بحرٍ مُحالْ.
ثواني، تمر، تمرّ قليلا
أحِب، أحِب، أكون عليلا
أحِبّ عيوناً وساقاً خميلا
سأمضي رشيداً[231] لأشفي غليلا
أقلّد حراً وشيخاً[232] جليلا.
أحسّ بضيق عميق، وهَمّ

(230) رشيد الخازن.
(231) رشيد الخازن.
(232) الشيخ رشيد الخازن.

يلفّ خبايا ضلوعي وغَمِّ
دَعيني ألَذّ بِضَم وشمِّ
لِوَجهٍ ينادي حياء... لِحلمِ.
حين أنفر وأسافِر
تكون أشياؤكِ كالمعابر
إلى مرافىءَ أخرى للخيانه
يقودني شيطان مغامِر
إلى أيِّ قوام طريّ عامِر
يضج بالمتعة والشهوة
إلى بياض ناصع ناضر
أحل خازنياً[233] ثقيلا
غريزيّاً ذليلاً ذليلا.
عشقه كضوء غروب ضامِرْ
خازنيٌ من هوى الروتين نافر
على عكازه أمشي لكنني ساهر
محافِظ على ودِكِ، لا أكابر
من عِيالي، من جذوري، كم مثابر
دعيني أقامرْ هواكِ... أغايِر
مللتُ ضوءَ الشمس!
أتوقُ إليك في ليلٍ نادِرْ
أحمل ما فيكِ... لغيرِكِ
إلى جنسٍ ظلاميٍّ مقامِر

(233) كرشيد الخازن.

إلى ليلة ليلاءَ، زائِر. . . . !
لو أن يديكِ وساقيكِ، بآخِرْ
لو أن يديكِ وساقيكِ، تغادِر
لو أن نهديك وعينيكِ، تبادِر
تتغيرين، تتقمّصين، ظواهِر
تتعّبدين مثلي، نهداً مناوِر
أنا بالروح والعِرْقِ(234) مثابِر
اعذريني، لا لا، لن أغايِر
سأعود بعينين مثقلتينْ
بد معَة وآهٍ، متعَبَتين
سأعود، بشفتين مصبوغتين
بلون الحزن منهَكتين!
لا حَرام دامَ حلواً لِمسافِرْ
أو حلال يبقى مراً، أو يغادِر
في فناءٍ. . . ما تعلّمتُ الأوامِر
إلا منكِ! إلا أنتِ أمّ أولادي تكوني
أوّلاً منكِ أنا! منكِ وآخِرْ. . . .

(234) والعِرق: والدمِ أي: وبالدمِ.

تسألني، والوعدُ؟

عنها والعاشِقاتِ، تسألني إلامَ؟
تتوسّل الوعدَ فردوساً سلاما
بالوصلِ وهْمَا
بالجمعِ حلمَا
كان منهنَّ حراما
من هنَّ؟ من كنَّ؟ يمنعنَ عنها الغرامَ
يمنعنَ عنها التحامَا
والتِحاماً لشِفاهٍ، لا انقطاع
وعناقاً للهيبِ، لا وَداعْ
وسريراً يعصر ساقاً حريراً وجَماع
والجماع يسري آهاً والرعاع
أوعدوها بالفجرِ آتٍ من بنات[235]
عاهرات لا تلِذْنَ يمنعنَ عنا التِئاما
تتسَتَّرْنَ حراما
ووعوداً كلاماً كلامَا

(235) بنات أفكارسلطةِ الوعود بما يجمع: مسكن، عيش، أمن.

في ليالٍ حالكات تغتصبنَ أغنيات
حالما أمسَك فيها مارد
يعزفُ لحناً يغنيٍّ
لحروفٍ حُرِّرَت مْن دماء
فجأةً، أَشعلوها
فجأَةً، ولّعوها
فتنةً، دَوْزَنوها

مارِد، مقاوِم، عيال أَطفأوها!
ماردُ يعزف لحناً وموسيقى
حركاتٍ نظَّمَتْ همزةَ وصلٍ
ومعانٍ أشرف ما فيها حياء
وفواصل عن دعارى
تدَّعي فجراً وعهدا
لا أصدِّق ما وعدنَ حبيباتٍ
كم وعدنَ كم خدعنَ عفيفات...
تشتاقين لوصلٍ وقطاف
حبيبتي من كرومٍ وانعطاف
والقضية بين ذئبٍ وخِراف
حلمُ حبيبتي، ما حلَّ عندي
همّها، ما أمسَكَ زَندي
وعدها، بين أيادي العاهرات
والمرورُ في الكروم معجزات
لا تبالي بالقصور الشاهقات

ما يُقالُ بوعودِ الطاولات(236)

أنت حقل، والمنى كل النبات

أنتِ وعد، والغصون باسقات

ما تحقق، ما سيأتي هو آت

أما وعدي شفتاكِ!

ساقيات، صادقات...

أودَعَتْني في كروم وعيون

وزيوت القدس فيها والفنون

تجود في الخمر حين تقبِّلني وتعصرني فأسكر

وتنضَحُ زيتاً حين تقبِّلُ العذراءَ وتُعذَر

وفي الحالين: نارٌ تُضْرَم نار تُنْثَر

أنا وقودُها: حلالها و حرامها

---

(236) طاولات الحوار.

غرورٌ وآهِ

يتصايحون عنها ثرثراتٍ في مقاهي
مليكتي والحكام كقصيدة في ملاهي
إن تعرّت أو تخفّتْ!!!
أما همُ، عراة غواة
سقطت ورقة التين عنهم والنواهي
سقطت ما بين غفْلٍ وانتباهِ...
فجأةً أو خلسةً، مرتِ الحسناءْ
تمتمات منها تبدو، إن حياء أو غِواء
لتحَيّيهم[237] وتلعن في ساعة لقاء
همْ همْ والعنتا هم! هل تسمع عواءْ؟
كلما مرّتْ تراهم ينضحونَ كالإناءْ
من رياءْ
من غباءْ
والغباء حلّ في أعناق حكامي سواءْ!!!

---

(237) الحكام، (تصوَّروا زعيم عشائر السلطة المؤتمن على تمثيلنا وهو في المقهى ـ يلطِّش ـ حين تمر الحسناوات!)

واحدٌ منهم يباهي (يقول:)
صوتها لي، والمقاهي!
جيدها الفارغ أمين
لنوَالي وشفاهي
ما همّني أن أنحني
إن لنهدَيها وَهِيْ!
إن لرجليها وَهِيْ!
حبيبتي صوتكِ مرناح زاهي
سيّدي كان ويَلوي
عُنقَ أسيادٍ و جَاهِ
فالجواري، جاروا[238] فيهنّ سقَوْا
مُرّاً عهارى من عهودٍ حجريّة
وأوامر تُرهِبُ الناسَ تحطُّ في جباهِ
تنحني، لكنهم عنتريات صِغار

يا حبيبتي هم عبيد
داسهم ألفُ منكِ ثم عار
هم عبيد لنعالٍ منكِ أو همسٍ يزيدُ
عند لمسٍ
عند همسٍ
عند لحسٍ منكِ أو أيِّ أواهِ

---

(238) الأسياد جاروا.

عند (واوَ) منك أو أيٍّ فواهِ.....
عالَمٌ يُهدَى إليكِ
مِنَّةُ اللهِ عليكِ
والهبات روعة
كلٌّ رجالٌ سادة...
كيف كلٌّ ينحني؟
شعبٌ عظيمٌ أمة!
وأنا! أيضاً أسير
أنحني، لا أنثني
يالهولِ منكبيكِ
آه قلبي من آهيْكِ
وردةٌ من وجنتيكِ
إي، فواللهِ وفاهِ
تُسكِتُ الكونَ وآهي...
ومهنَّد في يديكِ!
وحبيبٌ في رؤاكِ يشتهيكِ!
أنا آتٍ لا بلاهِ
أنا وَيّاهم دواهي!
أتربَّص، أتحمَّس
صوّبي الألحاظَ نحوي واتجاهي
أنا ويّاهم دواهي
غفلةٌ منكِ سَواهي

تُفقِدُ وعيَ الجباهِ
فنطأطىء!!

حولكِ نتفرَّع
نتحسَّر نتلوَّع
وزِّعيها[239] تتوزَّع
واضحكي ماشئتِ منَّا
لا، لا نتورَّع
فيك أشياءُ تُدلَّع
أما نحن نتوَزَّع
نتفكَّه منكِ يا أحلى فَكاهي
دَسَمُ الوجهِ فيكِ يكفي ويُضاهي
نعمةَ الخَلْقِ وطَعْمَ فاكِهاتٍ من إلهِ
غفلَة منكِ سَواهي
وزِّعيها تتوَزَّع
خفِّفي الوطءَ عليكِ
مفرَد فيكِ أنا؟ ثقيلٌ لا أباهي
صدركِ رَحب ممَسْرَح
وزِّعي الأدوارَ فينا، نتسلَّح
وتوارَيْ!
وامرَحي...
أتوزَّع في نواحيكِ وأربض...

---

(239) الهاء تعود إلى الغفلة.

هل عرَفتِ؟ أنا آتٍ لا بِلاهِ
في مكانٍ أو مياهِ
أنا آتٍ أتأبَّد
عرشَ سلطانٍ وشاهِ
لا تكوني مثلَ مغرورٍ، أخيرا
إن كنتِ قد طوّعتِ عبداً أو أميرا
طالما الحبُّ حروف من مياهِ
وجفاف لفَّ دنيانا وآهِ
فاسقي عطشانَ رذاذاً ورحيقا
ثم إروي الروح لحناً وموسيقى
ثم أطيافَ توَلَّوْا هاربين
ضجراً منكِ غروراً كارهين

أنا ترويني حروف معجَمات
ألْفَباءُ المِنكِ، بحراً ساكِبات
طالما الحبُّ حروف من مياهِ(240)
طالما الآه منكِ هي آهِي
وشفاهُ المسكِ فيكِ من شفاهي
لا تُباهي!
طالما الآه منكِ هي آهِي
فإلامَ عنفوانُ الصدرِ زاهي؟
قبِّليني

---

(240) الحب هنا: الحب الفوتوغرافي الخارجي، هو كحروف من مياه لا تعيش أبداً تنضب وتجفّ.

قبِّليني أين كنتُ أنَّى كنتِ
قبِّليني مُفرَداً في مساحاتِ
فوجهي يتوزَّع في مسافاتِ
شِفاهي، هيَ منكِ قبِّليني
طالما الآهُ منكِ هي آهي،
وليكن وجهكِ شيئاً من إلهي...

ها... هيَ!

حين وقعتُ[241] دامَ رأسي عاليا
وكأنه يعلم: أنَّ إلهاً ثانيا
مُتَحكِّمٌ، متمردٌ يعلو على
آهٍ على، كلِ آلامٍ شاكِيَه
مُتَنَكِّرٌ يِشفي، ولوْ قلتُ له:
العظمُ أَنَّ، والخلايا واهِيَه
والروحُ تشكو للأنامِلِ ما بِيَ
في زحمةِ الآهِ والنداءِ، لمسةٌ
تدنو كما الغنج يسري عافِيَه
قلتُ هو الله فيها؟: هاهِيَ!
هلَّتْ، ومدَّتْ مسحةً من عندها
ما نازلَت إلاَّ آلاماً عاتِيَه.
تعلو على الأوجاعِ إلاّ واحدٌ
يعلو عليها لم تعالِجْ شافِيَه
حبي لها، قولوا لها: ما وَجَعي
إلاَّ مَعشَقٌ هل تُراها ناسِيَه

---

(241) تعرَّض صاحب النص لحادثٍ مؤلم قضى بإجراء عمليَّة جراحيَّة له في كتفه اليمنى وشُلَّتْ يدُهُ لحين، عالجته تانيا فتعافى وسلِمَ.

أنَّ الخلايا حين كانت تشتكي
كانت عيوني تجني حباً راقِيا؟
ماهمَّني جرحٌ نزيفٌ وقعَةٌ[242]
الهمّ ينزف من عطورِكِ تانيا
لا تبعدي، أنتِ إذا غادرتِني
الزَّهر يذبل ثم يغفو باكيا.

(242) وقْعة: حادث.

جنون الفنون

حبيبي! حرامٌ بكاءُ العيونْ
فخلِّ الدموعَ ليومِ الجنون
ويوم الجنونِ اصطفاني قضاء
ألَذّ بِلقيا وموتِ الظنون
فهيَّا حبيبي نغازل دمعاً
وحلماً هناك في أحلى سكونْ. . .
حسبتُ النعيمَ يدومُ قليلا
صحوتُ أراكِ في ملءِ الجفونْ
فدامَ النعيمُ ولمَّا يَزَل
يفيضُ عليَّ، حنونٌ حنونْ. . .
ولاحَتْ عيونٌ في وَسْعِ لِكْون
تنادي إليَّ تعالَوْا غصونْ!
تُنادي إليَّ كأني جُموع
جموع تطيرُ في عَيبِ مَصونْ
حسبتُ الجبالَ شموخاً وعزّاً
نهانيَ قومٌ! لِمَ ينهَون؟
أهكذا عِزٌّ؟ وأنتَ تطيرُ؟
عجيبٌ علاكَ! وكيف يكون
ألا انزِلْ تهيَّبْ! تهيَّبْ صعوداً

لِوادٍ ذليلٍ! تستَّرْ لَعونْ
وأبعِدْ غراماً مجوناً و مُنكَر
عِيالٌ تَرى! يا بئسَ المجون!

سمعتُ، صحوتُ لأمعِنَ حُبَّا
وعشقاً لحبٍّ جنونٍ فتون
أبيحُ هوى ما النفس شاءَتْ
عفافاً، شفاهاً، ما دامت سنون
وأغفو هنيئاً في صدرِكِ حُبِّي
أعبُّ لذيذاً وأوفي الديون
جهاراً، أعوِّض ما قد مضتْ
قيود عليكِ إلامَ الظنونْ
حلالٌ حرامٌ؟ فهيَّا اغمريني
وحُلِّي في عيني وننسى العيون
جمال وحسن قِوام نخيل
يطلُّ حراكُ جنونِ الفنون

بطاقة دعوة

صباحاً صحوت، أمتِّع جفوني
برؤيا شفاهِ الحبِّ الجَنونِ
فمرَّ الحلم همساً وعدَّى(243)
تُراه يعود لليل حنونِ؟
قضينا العمرَ في صمتٍ وغمٍّ
كأنَّ الحلم مرَّ في شجونِ
ويمضي القهر... مكتوبٌ علينا
بأن نغفو بلا طعم السكونِ
فما كان ودٌّ وما كان حبٌّ
وضاع الوقت في همِّ الظنونِ
دعوت فتاتي نكرر حلماً
بدون ظلامةِ الحظ اللعينِ
دعوتُ أناقش الرأيَ(244) وأنكر
بأن العِفَّه في حُرمٍ ودينِ
لحبٍّ شقى! وقهرٍ فقير
كذبح خروف بداعٍ سمينِ!

---

(243) عدَّى: باللهجة المصرية اجتاز وتابع.

(244) الرأي: رأي الآخرين الذي يحول دون الحب والوصل ولو في الحلم.

دعوتُ وأرفض حدوداً لعشقٍ
وعيشاً ذليلا لشعبٍ أمينِ
تُراني صحوت هناك يوماً
حبيبتي تغفو في حصنٍ حصينِ
ولا تدري كم عانيت منها
بوعيٍ وصدٍّ للمسِ وْحنينِ
جهاراً تمانع ولا تدنو مني
لذا اللَّيلُ عزَّ، فكان مَعيني
فأطلقْ عناناً لحلم وحبٍ
تفلَّتَ من قيدِ وْأنينِ
عساني أعوّض وأدعو فتاتي
لنبني بناءً لجيلٍ وطينِ
أدعوها تأتي في يُسرٍ إليَّ
لنعشق سوياً بفكرٍ ودينِ(245)
كيف ما شئت أداعِب
شِفاهَ حبيبي شفاهَ حنيني
فكان الصدُّ منها لظرفٍ
يُحيل الخوفَ لوْ ما بعدَ حينِ
تسمعُ الْمَاقِيلَ عنها وشوشات
تسمعُ اللومَ ولو من ياسَمينِ
من مَلاماتٍ وعيبٍ في لِقانا

---

(245) دين: طريق.

ثرثراتٍ تافهة من آخرين
لا يُريدونَ وقوفاً لحريمٍ
عن يسارٍ؟ لا! أو عن يمينِ!
بل أرادوكِ حبيبي في قتالٍ
عبثيٍّ، يا ترى هل تسمعيني؟
أشعلوها فتنةً هَمَجيَّةً
ونزاعاً بين أحلامي وبيني...
عطَّلوا العشاقَ والأرضَ معاً
أخمدوا الأنفاسَ في زهرٍ ثمينِ
لوَّحوا للقتلِ ما شاؤوا في روضٍ
أرجعوا أرضي لخلفٍ!... أرجعوني...
كفاكِ بلادي، كفاكِ قتالٌ
تعالي نحابُّ فهل تقبليني؟
أسيرُ الهوينا إليكِ وحبِّي
ندبُّ، نُحبُّ برفقٍ ولينِ
إذا جئتُ صمّاً فأنتِ الكلامُ
إذا جئتُ أعمى فهل تُهمليني؟
إذ جْئتُ أعشى بصرت لسحرٍ
حواكِ، لفنٍ ومجدٍ و زينٍ...
ظننتُ البلايا تفشَّتْ في أرضٍ
وضاع اللصوصُ في عهدٍ خؤونِ
وعضَّ زمانٌ بنابٍ شديدٍ

وحنَّتْ سواقي لماءٍ معينِ
لكنْ حبيبي تعيشُ السنابل
في وحل الحقولِ ليومِ العجينِ[246] . . .

تعالَيْ فتاتي نعانقْ بلادي
نكمِّلْ ثلاثاً بواحدْ جنينِ
وهاتي عيونا تشعّ وقوداً
تضيء الليالي في عتم السنينِ
حكمتِ نوابغَ أضحوا رهائن
جذبتِ العيونَ فمهلاً! وكوني
خلاصاً لشعبٍ، لديكِ سلاحٌ
دعيني أبدِّدْ ظلاماً دعيني
فسحرٌ لديكِ! أقولُ وأعبدْ
عيوناً لتشفي بلادي وعيني
تعالَيْ حبيبي، كلانا مُصابٌ
بخدٍ جريح[247] وكفٍّ حزينِ[248]
نقاسِمْ عذاباً ونزحف أرضاً
نُلملمْ جراحاً في شوكٍ مَكينِ
أنا فيكِ أهوى دموعاً سخيَّه
تُجاري دموعي في حبي وْيَقيني

(246) يوم العجين: يوم الخبز ـ القطاف.
(247) خد جريح: ممنوع علينا الحب.
(248) كف حزين: لا نُعطى.

إذا حنَّ زرْع في أرضٍ يباسٍ
تنامتْ زهور في حقلٍ فَتونِ
فهيَّا تُرابَ بلادي أتينا
نُرَوِّي ونُرْوَى بحبٍ أمينِ

2010-11-5

دموع![249]

قبلاتي لا أعدّها يا صغيرتي! ساخِرا
لا رقمَ لها، إذن أتحدَّاها
من أعدادِكِ، أسخرُ نافِرا
شفتاكِ حين تلثم زَندي تحت أي عنوان
أحسب ألفَ حساب، أعدّها فاكرا
هاتي أناملَ النَّدِ! أنا أمَلٌّ
أحطّمُ الأرقامَ،أحبكِ شاكرا
فالآهُ كاد أن يفلَّ[250] وجعي
كافرٌ... معكِ كاد، أن يطير مسافرا
بين رخامٍ أملس أو إظفرٍ
أو بين زَندٍ ناعم قد غادرَ
في مركبٍ قَشْطَه[251] نقيٍّ رَكبه

(249) حملت المعالِجة (مشكورةً) مريضها مشلولَ اليد، حملته من حالة اليأس إلى حالة الأمل – يتعافى، يقبل يديها بفرح مسترسل، تقابله برضى، ولثمِ مفاصل الآلام في ذراعه!
لكنها وللعجب! حملتْ إلى سيِّدها دمعاتٍ تشكو شاعرَها بتجاوز عدد القبلات!

(250) يفلّ: يزول.

(251) قَشطه: حُلوٍ.

وأنا أغفو أعبّ من يدٍ
تنتعِشْ، تغشى! وتدعو ثائرا
لمزيدٍ يا ترى؟ قالت: نعم
جاءت إليَّ عاشقه أم حائره؟
قبَّلتني! قبَّلتني ثعْلَبَه
ما بها ترنو إليَّ ماكِرَه؟

تشهقْ! تنادي! منْ يُنَعنِش قلبَها
أيٌّ يحومُ حولها أو قادِرا
من حولها يمضي شباب حولها
كيف إذن تهوى عجوزاً عابِرا؟
تهواه كالأنسامِ ناعَم ملمَسٍ
تهوى غباءً! حين يأتي شاعرا
ويَلَذُّ لها! حين يكون غَزِلاً...
في وادٍ آخرَ هو، كان سائرا
في مرضى أطفالٍ، آلامٍ، في دُجى
أرضٍ، ذئابٍ، إلامَ تعوي كاسرا؟
لا لا صُغَيَّره! إمَّا(252) دعاكِ سيِّدٌ
لا تكذبي!
لا تذرفي ما تدَّعي!
تتستَّري
تتورَّعي
راح زمانُ العفّةِ

---

(252) إمَّا: إن ما.

خلف حوارِ المادَّةِ
عذراءَ كانت جدَّتي
يا رحمةً على رحمَةِ!
إن ما دعاكِ سيِّدٌ
لا تكذبي!
لا تستوي (253) خلفَ عطور النسبِ
خلف الهوى، خلف بذور الحسبِ
تلك زهور عاطِرَه
فاحتْ في أرضٍ طاهِرَه
عيني أنا يا فُلَّتي
تعصى دموعاً عاهِرَه

2010-11-30

―――――――
(253) لا تقفي.

حبٌّ بين بِغالٍ وطنابِر[254]

وأنتِ مسافِرَتي!
والحقيبةُ على عجلٍ ونارْ وحَرق القرارْ
في يومٍ هزَّكِ الشوقُ وثارْ
وأنتِ مهاجِرَتي! ما بعدَ بعدَ المحيط
ألا تستعجلينَ العودةَ للديارْ؟
في هذا اليوم الزاحفِ إلى روزنامةِ النسيان
القادم معك حبيبتي من مهاجر النور والعرفان
إلى هنا إلى بلادي حيث يحتمي الموت في جلابيب الصغائر والكبائر!
في طوفانٍ من غُربَة، في مِحَنٍ من شوق، في أزَماتٍ وانتحارٍ للحب والمذاهِب...
حلَلْتِ حبيبتي! لمعانقتي قسراً ولو كرِهَ الكارهون!
هجَّروكِ والعاشقاتُ لا تهاجِر
غيَّبوكِ والمسافراتُ طوعاً لا تُسافِر
حين ازدَحمَ مطار الغربة، تداوَل الحب والعَزيمة والنازِحات

(254) طنابر بالعامية واحدها طُنبر، عَربَةَ يجرها بَغْل أو جحش استعملها الأجداد وما زلنا نحن أيضاً للنقل وفي المِحَن والحروب وانقطاع التواصل بين أحياء (القبائل والعشائر).

عن بكاء من طوائف، ومغادرين يسفِّهون ويشتمون!
حين ازدحم مطار الغربة، حَضَرْتِ حبيبتي فراعك المشهد أمام نافذة تذاكرالعودة، واقتحمتِ من معابِر!
في زمنٍ يوصَفُ بالرديء، يُتَّهَمُ زوراً؟ نتحامَلُ عليه؟ لا.
أرفعُ صوتي الجريء
أتحملُ أنا شرَّ الاتهام
أتجَنَّب بالصبر الرتيب كثرةَ الكلام
وبإيجاز: أرفع صوتي الجريء
تاريخنا، منا بريء
براءَة العود الذي يشتعل منه العمر سوءاً إلى حين الأجَل.

أراكِ مسافرَتي، وحدَكِ
يُعَربشُ عطركِ كالياسمين إلى حواسي
يُعربشُ مع الرجاء والأمَل
فيمزَجُ من عطريَ والخجَل
أنتِ على قابِ قوسين أو أدنى من جنوحِ سفينتي التي تهمُّ بالإقلاعِ لملاقاتِكِ عن طريق البحر
ربما تغتسل أنبائي السوداءعن وطني،
مع أوهام الأفقِ الأزرق وأثقالي!
أو مع تحلّلِ أغلالي، تشتدُّ عزيمتي وآمالي؟
كنت أتمنَّى أن تصِلي
وعلى أكتافِكِ طيور
تنقل من عواصم الحريَّه
إلى زنزانة المدينة
تنقل من هناك اللغةَ المَحكيَّه

لتفهمَها هنا عصورُ الهمجيَّه...
حدِّدِي في خارطة أسفارِك
كي لا تنْسَيْ في المطار
معالِمَ الطريق لأحلامِك
أكثرُ الشوارع هنا ياحبيبتي
تعومُ بمياهِ (الخراطيم)
بعضها مُقفَل بالغاز المسيِّل للدموع
وبعضها ينتظر دموعكِ وأحزانكِ
تجتازين رشَقاتٍ من عنابِر
لِضَفَّةِ الأمانِ والعشيرَه
على ظهر بغالٍ أو طنابِر
أنتِ الآنَ في فرحِ العودَة
وأنا، في غربة هذا الفرح ـ أشاطركِ
يا فراشةً تسبح في دمي بدون قيد
كيف أهديكِ إلى شوارعِ مدينتكِ
سجِّلي في خارطةِ عوْدَتِكِ
إشاراتٍ كثيرة لمرور المعاقين
أرصفةً عريضة لعودةِ الأسرى والمساجين
يافطاتٍ بيضاءَ خَلَت إلاَّ من:
(لا تُناقِشْ زمنَ السلاطين)
أَوَدُّ لو أقبِّلُ عينيكِ
قبل أن يجتاحَ حزنٌ رؤَاكِ
وترحلَ البسمة عن شفتيكِ
ويضيع الطريق من قدميْكِ
أشتاقُ إليكِ يا عذراءَ الوجدان

يا شفَّافةً في الطهر والإيمانِ
يا نقيَّةً في الحنين والهجران
ليهبطِ النهدانِ المرفوعان
ولتطإِ القدَمُ العاجيّةُ مدَرَّجَ العودَة
وتتقدَّمُ الساقُ البلَّوريّةَ الزُقاقَ الضَّيِّقْ
أنا اعلمُ أنه يليقُ بكِ استقبالٌ حار
وأنتِ تعلمينَ أن الطرقَ المؤَدّية إلى المطار
واسعةٌ تصلح للزينةِ والوداع
لكنكِ يا حبيبتي لا تعلمينَ أنّ طريق العودة محفوفة بالمخاطِر،
ووجودي يعرقلُ المعابر
أعتذِر!وأصوات الحناجِر
تنادي أحرارَ الحَواضِر
يا معشرَ العشاقِ إن أمرَكم قبل الدخول إلى الوطن
أمرُ قادةِ العشائر

مراجع

ـ الأعلام: الزركلي.

ـ تفسير القرآن الكريم: البيضاوي، مكتبة الجمهورية المصرية،
بجوار الأزهر، مصر.

ـ حدائق الأزاهر.

ـ ذاكرة الجسد: (رواية) أحلام مستغانمي.

ـ الشعر والشعراء: ابن قتيبة.

ـ الطرائف الشعبية اللبنانية: راجي الأسمر.

ـ ظرفاء العرب: دار ملفات.

ـ ملح الأرض، المتمردة (رواية)، حبيب فارس.

الأمَ؟

يشكر مؤلف هذا الكتاب كل من ساهم في إخراجه وطباعته وأناقته. يخص بالذكر:

جمعية إبداع للآداب والعلوم والفنون ـ عكار.

دار الفارابي ـ مديرها المسؤول جوزف بوعقل.

الفنان نقولا عيسى

الدكتورة هبة الضهر

المهندس زاكي قاروطه

الأستاذ وسام الضهر

الطالب سمير جورج الدويهي

الآنسة رنا جمال كعكور.

الأمّ؟

للمؤلف..

قبل وبعد «إلامَ».

- حب في دروب، ديوان شعري.
- قيس بن الخطيم ـ دبلوم دراسات عليا في الجامعة اللبنانية
  بدرجة جيد جداً، دراسة في الشعر وأدب المخضرمين.
- الصورة الفنية في الشعر العربي، دراسة في كلية الآداب الشرقية،
  الجامعة اليسوعية.

  منشورة في الصحف والمجلات العربية.
- رسائل في طبائع الاستبداد لـدى الحـاكمـين عـلـى دروب
  المحكومين بأمرهم.

إلامَ؟

المحتويات

مع المعذَّبين

ومع الغَزِلين

Printed in the United States
By Bookmasters